GOD WANTS YOU WELL

What the Bible Really Says
About Walking In Divine Health

by
Andrew Wommack

Harrison House
Tulsa, Oklahoma

GOD WANTS YOU WELL
What the Bible Really Says About Walking In Divine Health

ⓒ 2010 by Andrew Wommack Ministries – Europe
PO Box 4392, Walsall, WS1 9AR, England

Korean, Korea Edition Copyright
ⓒ 2012 by The Word of Faith Co.
All rights reserved.

하나님은 당신이 건강하기 원하십니다

발행일 2012. 5. 25 1판 1쇄 발행
　　　　2023. 10. 31 1판 4쇄 발행

지은이　앤드류 워맥
옮긴이　서승훈
발행인　최순애
발행처　믿음의말씀사
2000. 8. 14 등록 제 68호
(우) 16934 경기도 용인시 기흥구 신정로 301번길 59
Tel. 031) 8005-5483   Fax. 031) 8005-5485
http://faithbook.kr

ISBN 89-94901-28-0 03230
값 17,000원

본 저작물의 저작권은 '믿음의 말씀사'가 소유합니다.
저작권법에 의해 보호를 받는 저작물이므로 무단 전재와 복제를 금합니다.

신성한 건강에 대해 성경이 진정으로 말하는 것

하나님은 당신이 건강하기 원하십니다

앤드류 워맥 지음 | 서승훈 옮김

믿음의말씀사

목차

들어가는 말 _ 7

1장 기적은 하나님의 말씀을 확증한다 _ 15
2장 예수님의 속죄에 속한 일부 _ 27
3장 소조! _ 35
4장 온전한 선물꾸러미 _ 45
5장 질병과 죄 _ 59
6장 책임 회피 _ 71
7장 바울의 육체의 가시 _ 87
8장 눈 문제인가? _ 105
9장 저주에서 속량되었다 _ 115
10장 예수님은 그들 모두를 치유하셨다 _ 131
11장 왜 모든 사람이 치유받지는 못하는가? _ 141

12장 "너희의 불신 때문이다" _ 155

13장 무효화된 믿음 _ 169

14장 순수하고 강한 믿음 _ 185

15장 법칙의 지배를 받다 _ 203

16장 영의 세계 _ 219

17장 말에는 강력한 능력이 있다 _ 235

18장 당신의 믿음대로 행하라 _ 253

치유는 언제나 하나님의 뜻인가? _ 270

성경 구절 _ 272

예수님을 당신의 구원자로 영접하기 _ 304

성령 받기 _ 306

들어가는 말
INTRODUCTION

    치유에 관해 알아야 할 것을 다 아는 것은 아니지만, 나는 이 분야에서 상당히 성장했고, 이것을 내 삶의 진짜 강점으로 여기고 있습니다. 실제로 내가 내 몸의 질병으로부터 승리를 거둔 지 거의 40년이 되었습니다. 그렇다고 그동안 내게 아무런 문제가 없었다는 뜻은 아닙니다. 그동안 나는 몇 차례 공격을 받았습니다. 한번은, 라디오 프로그램을 진행하는 동안 독감의 모든 증상이 나를 엄습했습니다. 비강[1]이 막히고 콧물이 줄줄 흘렀으며, 몸이 쑤시고 오한이 오고 열이 나기 시작했습니다. 이 모든 증상은 아주 짧은 시간에 나타났습니다. 나는 그것을 이기기 위해 한 시간 정도 기도했고, 증상은 떠났습니다.

---

1) 비강鼻腔, sinuses : 눈물이나 콧물이 흐르는 통로(역자 주)

과거 40년 동안[2] 나에게 찾아왔던 가장 심한 질병 중 하나는, 아마도 내가 영국에서 집으로 돌아와서 연못에 일하러 갔을 때였을 것입니다. 34시간 동안 잠을 자지 못했음에도 불구하고, 사유지에 만들고 있던 연못 배수구에 문제가 생겨 그것을 살펴보아야 했습니다. 피곤하고 소진된 와중에 가슴 높이의 차가운 물속에 서서 6시간 동안 일한 것은 별로 똑똑한 짓이 아니었습니다. 얼마 지나지 않아, 코에서는 콧물이 줄줄 흐르기 시작했고 귀는 먹먹했습니다. 하지만 나는 하루만에 줄줄 흐르는 콧물을 이길 수 있었습니다. 이틀이 지나자 귀가 먹먹한 것이 풀렸고, 다른 사람들은 아마도 나에게 무슨 일이 일어났는지 알지 못했을 것입니다.

제 기억에는 지난 40년 동안 내가 다루었던 질병 가운데 그것이 가장 심한 것이었습니다. 초기에 나는 사실 불치병 진단을 받은 적이 있습니다. 하지만 3년이 지나지 않아 똑같은

---

2) 이 들어가는 말이 처음 작성된 이후로, 나는 약 삼 일 동안이나 비강염에 맞서 싸웠습니다. 이 역시도 어리석음으로 인해 발생된 것이었습니다. 나는 한 주에 마흔한 번 사역했고, 그 다음 주에는 마흔 번이나 사역을 했습니다. 이것은 육체적으로 나를 탈진시켰습니다. 나는 너무 약해져 있었기에 병에 문을 열어 준 것입니다. 믿음은 언제나 어리석음을 극복하지는 않습니다. 나는 이 부분을 교정하기 위해 필요한 단계를 밟았습니다.(저자 주)

의사가 내게 완치되었다고 통보했습니다. 내가 기도하여 치유를 받았기 때문입니다. 이렇듯 나는 하나님께서 나를 많은 질병으로부터 치유하신 것을 보았습니다.

치유는 내 삶의 강점입니다. 이 책에서 내가 나누는 이 진리는 나를 위해 역사하고 있으며, 지난 수십 년 동안 나를 위해서 역사해왔습니다. 나는 치유에 대해 모든 것을 이해하지는 못하지만 이 메시지에서 말할 수 있는 것보다는 더 많이 알고 있습니다. 여기에 담긴 진리를 보충하고 확장할 부가자료로는 뒤에 수록된 "저자의 추천목록"이라는 항목을 참고하십시오. 내가 이 책을 쓴 목적은 치유를 총망라하는 방식으로 가르치는 데 있지 않고 치유의 확고한 토대를 놓는 데 있습니다.

당신은 어떻습니까?

당신은 이 책에 담긴 하나님의 말씀의 진리를 숙고해야 합니다. 하지만 내가 개인적으로 오랫동안 신성한 건강 가운데 살았던 이유는 내게 아무 일도 일어나지 않았기 때문이 아닙니다. 나는 상처를 입었고, 사고를 당하였으며, 질병의 공격을 받았습니다. 나도 문제를 겪었지만, 나는 그것들을 극복했습니다. 나는 수십 년 동안 내 신체에 탁월한 건강이 나타나는 것을 보았습니다.

나는 수많은 다른 사람들에게 치유사역을 하기도 했습니다. 나는 소경이 시력을 회복하는 것을 보았습니다. 이는 부분적으로 잘 보이지 않았던 눈이 개선된 경우와 빛조차 감지할 수 없을 정도로 완전히 보이지 않던 눈이 보이는 경우를 모두 포함합니다. 나는 완전히 듣지 못하는 사람들과 부분적으로 잘 듣지 못하던 사람들이 듣게 되는 경우를 둘 다 보았습니다. 고막이 손상된 사람들 또는 수술로 인해 고막이 제거된 사람들을 위해 기도해주었던 것도 기억합니다. 하나님께서 그들의 청각을 회복시켜주셨습니다. 나는 후두가 제거되어서 말조차 할 수 없었던 사람들이 기적을 받고 혀로 말하기 시작하는 것을 본 적이 있습니다. 나는 수천 명의 사람들이 관절염과 온갖 종류의 고통에서 치유되는 것을 보았습니다. 어떤 남자는 등에 곧게 설 수 있게 하는 철심이 있었습니다. 그는 허리를 구부리는 것이 불가능했지만, 치유를 받고는 근사하게 허리를 구부렸습니다. 나는 불구자들이 고침을 받고, 질환이 치유되며, 사람들이 휠체어에서 빠져나오는 것을 보았습니다.

나는 개인적으로 내 아들을 포함해서 세 사람이 죽은 자들로부터 살아난 것을 보았습니다. 내 아들은 거의 다섯 시간 동안이나 죽어있었고, 안색은 이미 시퍼렇게 되었습니다.

발가락 끝에 번호표가 붙은 채 병원 시체보관실의 안치대에 누워 있었습니다. 하지만 주님께서는 그 아이를 일으키셨습니다. 그분의 이름에 영광을 돌립니다!

나는 자랑하려고 이런 것들을 나누는 것이 아닙니다. 나는 아직도 치유에 대해 배우고 있는 중입니다. 내가 사람들을 위해 기도하지만 그들이 낫지 않는 때가 있었습니다. 물론, 지금도 그런 경우가 있습니다. 하지만 오늘날에 나는 이전보다는 더 나은 결과를 얻고 있습니다. 나는 치유에 관한 모든 진리에 도달하지는 못했지만, 이미 그곳을 향해 출발했으며, 그 분야에서 중요한 몇 가지 진리를 배웠습니다.

당신은 어떻습니까? 당신은 신성한 건강 가운데 지속적으로 살고 있습니까? 당신이 기도해준 사람들이 치유되는 역사가 지속적으로 일어나고 있습니까? 그렇지 않다면, 당신은 내가 나누고 있는 진리를 진지하게 고려해야 합니다.

하나님의 말씀은 역사한다

부디 나의 확신을 교만으로 오해하지 마십시오. 나는 치유 분야에서 결과를 보았습니다. 개인적으로 나는 아마 수십만 명의 사람들에게 치유사역을 했을 것입니다. 나는 다른 사람들을 훈련시켜서, 이 진리가 그들에게 역사하는 것을 보았습니다. 수많은 사역자들이 이 진리의 계시로 인해 그들이 기도해주었던 많은 사람들이 낫는 것을 어떻게 해서 볼 수 있었는지를 나에게 들려주었습니다. 이들 중 몇몇은 그들이 기도해주었던 거의 모든 사람이 나은 것도 보았습니다. 여기에는 죽은 자들로부터 살아난 다수의 사람들도 포함됩니다. 하나님의 말씀은 역사합니다!

　나는 그 모든 점을 어림할 수는 없겠지만, 올바른 방향으로 가고 있다는 것은 압니다. 나는 하나님의 능력이 계속해서 역사하는 것을 보았습니다. 당신이 치유에 대한 선입견으로 인해 하나님께서 말씀하시는 것을 고려하기를 거부한다면, 나는 아마도 당신을 도울 수 없을 것입니다. 그러나 당신이 주 예수 그리스도와 그분에 대한 믿음을 통해서 마음껏 쓸 수 있는 신유에 대해 알기를 진정으로 갈망한다면, 이 책은 말 그대로 당신의 삶을 바꿀 수 있을 것입니다. 최소한 이 진리는 치유의 영역에 있어 하나님께서 내게 주신 것과 같은 수준의 성공과 승리로 당신을 데려갈 수 있습니다. 다시 말씀드리지만, 내가 치유의 모든 진리에 도달했다고 주장하는 것은 아닙니다. 그러나 치유는 엄연히 내 삶에 나타나고 있습니다. 이 말은 나만 아니라 내가 사역해왔던 사람들에게도 해당됩니다.

당신이 겸손히 하나님의 말씀을 받아들인다면, 나는 이 진리가 진정으로 당신에게도 도움이 될 것이라 확신합니다.

1장

기적은 하나님의 말씀을 확증한다
MIRACLES CONFIRM GOD'S WORD

　많은 사람들은 내가 치유를 지나치게 강조한다고 비난합니다. 그들은 이렇게 말합니다. "치유는 중요하지 않습니다. 천국에 가기 위해 꼭 치유받을 필요는 없습니다. 치유를 강조하는 라디오 방송과 텔레비전 프로그램, 인쇄물에 시간을 낭비할 필요는 없어요. 그건 이차적인 문제일 뿐이에요. 당신은 치유의 중요성을 실제보다 과장하고 있어요."

　나의 프로그램을 방송하는 라디오 방송국에서, 나를 법적으로 고발하겠다고 위협한 어떤 남자의 편지를 내게 보내왔습니다. 그 남자는 "사람들이 힘들게 번 돈을 받아서 치유 같은 것이나 전하는 것은 큰 죄악이다!"라고 했습니다. 이 사람은 치유에 대해 말하는 것은 시간낭비라고 주장하는 많은 사람들 중 한 명이었습니다. 그 말에 나는 결코 동의하지 않습니다.

치유는 그리스도의 속죄의 일부분입니다. 예수님이 우리에게 치유를 공급하려고 죽으셨다면, 그것은 우연한 일이 아닙니다. 주님이 우리 육체의 치유를 위해 고난을 겪고 등에 채찍을 맞으셨다면, 그것은 하찮은 일이 아닙니다. 예수님이 우리를 위해 치유의 값을 지불하고 살 정도로 치유를 중요하게 생각하셨다면, 우리도 역시 치유를 중요하게 받아들여야 합니다.

하나님 아버지께서는 그분의 아들로 하여금 우리의 모든 죄와 모든 병을 십자가에서 담당하게 하셨습니다. 예수님은 우리의 죄를 가져가셨듯이 우리의 질병도 가져가셨습니다. 따라서 치유를 장려하는 것은 그분을 존중하는 것입니다. 사실상, 예수님은 오늘날 많은 사람들이 본질적인 주제라고 여기는 다른 진리들, 특별히 천국과 지옥에 관한 진리보다 더 많은 시간을 들여 치유에 대해 말씀하셨습니다. 실제로 주님은 이 땅에서 죄를 사할 수 있는 권능이 있음을 입증하려고, 치유를 마치 초인종처럼 사람들의 주의를 끄는 도구로 사용하셨습니다. 성경의 많은 예들이 이를 보여줍니다.

치유와 죄 사함

마가복음 2장을 보면, 중풍병자의 친구들은 많은 사람들로 인해, 예수님께서 사역하고 계셨던 집 안으로 그 병자를 데리고 들어갈 수가 없었습니다. 그렇지만 그들은 낙심하지 않고 오히려 그를 지붕 꼭대기로 데려가서 기와를 벗겨낸 다음, 말 그대로 들것 채로 예수님 앞에 내렸습니다.

예수께서 그들의 믿음을 보시고 중풍병자에게 이르시되 작은 자야 네 죄 사함을 받았느니라 하시니 막 2:5

예수님이 "작은 자야, 네 죄 사함을 받았느니라."라고 말씀하셨다는 사실에 유의하십시오.

어떤 서기관들이 거기 앉아서 마음에 생각하기를 이 사람이 어찌 이렇게 말하는가 신성 모독이로다 오직 하나님 한 분 외에는 누가 능히 죄를 사하겠느냐 그들이 속으로 이렇게 생각하는 줄을 예수께서 곧 중심에 아시고 이르시되 어찌하여 이것을 마음에 생각하느냐 중풍병자에게 네 죄 사함을 받았느니라 하는 말과 일어나 네 상을 가지고 걸어가라 하는 말 중에서 어느 것이 쉽겠느냐 막 2:6-9

예수님께서 보통 사람에 불과하셨다면, "일어나 걸어가라." 또는 "네 죄 사함을 받았느니라."라고 말씀하시기란 불가능했을 것입니다. 오직 하나님만이 죄를 사하실 수 있고, 육체적 능력 가운데 있는 인간은 치유를 낳을 권능이 없기 때문입니다. 하지만 예수님은 완전한 하나님이시자 완전한 사람이시기 때문에 실제로 이 두 가지, 즉 치유와 죄 사함을 말하고 제공할 수 있었습니다.

"네 죄 사함을 받았느니라."라고 말하는 것이 더 쉽습니다. 왜냐하면 당신은 죄를 볼 수 없기 때문입니다. 그러므로 죄가 용서되어서, 처리되었는지 아닌지를 알아볼 수가 없습니다. 누군가 당신에게 "너는 그렇게 할 수 없어."라고 도전한다면, 당신은 "증명해봐!"라고 응수할 수 있을 것입니다.

입증

예수님이 말씀하셨던 바는 "일어나 걸어가라."라고 말하는 것보다 "네 죄 사함을 받았느니라."라고 말하는 것이 더 쉽다는 것입니다. 그 이유는, 그들이 예수님에게 이런 선언을 할 수 있는 권능이 있는지를 실제로 이 사람이 일어나 걸어가는지의 여부로 즉시 알아보았을 것이기 때문입니다. 즉각적으로 그분의 말이 역사하는지 아닌지에 대한 물리적인 증거가 있었을 것입니다.

이에 따른 추론은 당신이 더 큰 일을 할 수 있다면 그보다 더 작은 일도 할 수 있다는 사실입니다. 다시 말해, 당신이 5m를 뛸 수 있다면 50cm도 뛸 수 있다는 말입니다.

사람들은 어떻게 반응해야 할지 모른 채 침묵하며 서 있었습니다. 그러자 예수님은 계속해서 다음과 같이 말씀하셨습니다.

> 그러나 인자가 땅에서 죄를 사하는 권세가 있는 줄을 너희로 알게 하려 하노라 하시고 중풍병자에게 말씀하시되 내가 네게 이르노니 일어나 네 상을 가지고 집으로 가라 하시니 그가 일어나 곧 상을 가지고 모든 사람 앞에서 나가거늘 그들이 다 놀라 하나님께 영광을 돌리며 이르되 우리가 이런 일을 도무지 보지 못하였다 하더라 막 2:10-12

예수님은 자신이 이 땅에서 죄를 용서할 수 있는 권능 또한 가지고 있다는 사실을 사람들에게 알리기 위해서 이 사람을 치유하신 것이라고 분명히 밝히셨습니다. 주님은 그분 자신에게 보이지 않는 것들을 다룰 수 있는 권능이 있음을 입증하는 수단으로 치유를 사용하셨습니다. 주님이 물리적인 육체를 다룰 수 있어서 사람들의 육체적 필요와 정서적 필요를 충족시킬 수 있었다면, 그들의 영적 필요도 다룰 수 있으셨을 것입니다. 예수님은 먼저 초인종과 같이 사람들의 주의를 끄는 도구로 치유를 사용하시고, 그런 다음 그들에게 진리를 말씀하셨습니다.

오직 말로만?

예수님은 그분이 행하신 기적이야말로 그분이 누구이신지를 입증하며, 그분이 말한 바를 확증한다고 말씀하셨습니다.

> 내게는 요한의 증거보다 더 큰 증거가 있으니 아버지께서 내게 주사 이루게 하시는 역사 곧 내가 하는 그 역사가 아버지께서 나를 보내신 것을 나를 위하여 증언하는 것이요 요 5:36

예수님께서는 침례 요한이 그분에 대해 했던 증언을 언급하셨지만, 거기에만 기대지는 않으셨습니다. 그리스도께서는 기적을 행하심으로써, 아버지께서 주신 확증에 따라 자신이 누구인지를 증명하셨습니다. 예수님께서 자신의 권세를 입증하기 위해 기적이라는 증거가 필요하셨다면, 우리는 어떻게 그보다 덜한 것으로 증명할 수 있겠습니까? 예수님께서 그분의 말씀을 확증하기 위해 표적과 기적이 있어야 했다면, 우리가 사람들을 설득하기 위해 오직 말씀만 사용할 수 있다고 생각하는 것은 교만의 극치입니다.

마땅한 방식

어떤 사람들은 이렇게 말합니다. "이제 우리는 기적이 필요 없습니다. 우리에게는 하나님의 말씀이 있습니다." 하지만 그것은 성경이 가르치는 바가 아닙니다. 마가복음 16장은 예수님이 하늘로 다시 가시기 전에 제자들에게 마지막으로 하신 몇 가지 지시를 우리에게 계시합니다. 우리에게 온 세상으로 가서 복음을 전하라고 명하시고 나서 예수님께서 어떤 약속을 하셨는지 주목하십시오.

믿는 자들에게는 이런 표적이 따르리니 곧 그들이 내 이름으로 귀신을 쫓아내며 새 방언을 말하며 뱀을 집어올리며 무슨 독을 마실지라도 해를 받지 아니하며 병든 사람에게 손을 얹은즉 나으리라 하시더라 주 예수께서 말씀을 마치신 후에 하늘로 올려지사 하나님 우편에 앉으시니라 제자들이 나가

두루 전파할새 주께서 함께 역사하사 그 따르는 표적으로 말씀을 확실히 증언하시니라 막 16:17-20

다른 말로 하면, 하나님께서는 제자들을 통해서 말씀하시는 분이 실제로는 예수님이심을 확증하기 위해 기적을 사용하셨다는 것입니다. 이 성경 구절은 또한 주님께서 따르는 표적으로 그분의 말씀을 참되게 전하고 가르치는 일을 확증하신다는 사실을 계시합니다.

이 사실에 근거해서, 오늘 우리는 사역자가 자신을 통해 하나님의 기적적인 능력을 흘려보내지 못한다면, 하나님께서 진정으로 그를 통해 말씀하고 계시는지에 대해 의심해보아야 한다고 솔직히 말할 수 있습니다. 오해는 마십시오. 사역 가운데 치유가 나타나지 않는 사람은 하나님께 속한 자가 아니라고 말하려는 것이 아닙니다. 누구든지 기적을 행하지 않는 사람의 말은 신뢰하지 말라고 말하려는 것도 아닙니다. 당신은 사람들이 하나님의 말씀과 반대로 말하는 것을 항상 점검해야 합니다. 하지만 하나님의 시스템에서 볼 때, 하나님의 말씀이 참으로 전파될 경우에는 따르는 표적과 기적이 있을 것입니다.

우리는 구원의 메시지가 부패하고 갈기갈기 조각 난 시대에 살고 있습니다. 대부분의 교회들은 어떤 측면을 무시하고 오해

합니다. 많은 사람들이 오직 죄 사함forgiveness of sins;죄의 용서 만을 설교하고 있습니다. 하나님께서는 우리가 전하는 그분의 모든 말씀을 확증하시지만, 우리가 영적이고 영원한 가치와 죄 사함에 대한 말씀만 전한다면, 우리는 그저 사람들이 거듭나는 사건만을 볼 수 있을 것입니다. 그러나 우리가 하나님의 의도 전체를 온전하게 전하고 가르친다면, 하나님께서는 표적과 이적과 기적으로 그것을 확증하실 것입니다. 이것이 하나님께서 성경에 그 말씀을 확립하신 방식이며, 마땅한 방식입니다.

우리 역시 그렇다!

오늘날 하나님의 참된 사람이라고 해서 꼭 모두 기적을 보는 것은 아닙니다. 왜냐하면 그들이 하나님의 의도를 온전하게 전하고 있지 않기 때문입니다. 내가 대단히 존경하는 몇몇 분들은 그들이 가진 계시에 대해 신실하였습니다. 그들은 사람들이 거듭나고 변화되는 것을 보았습니다. 나는 그들이 참된 사역자가 아니라고 단정 지을 수 없습니다. 그러나 그들이 하나님의 의도를 온전하게 전하고 있지 않은 것만은 분명합니다. 하나님의 뜻은 그분의 의도가 온전하게 전파되는 것입니다. 만약 그것이 전해진다면, 그분께서는 따르는 표적과 기적으로 그것을 확증하실 것입니다.

히브리서 2:3-4은 다음과 같이 말씀합니다.

우리가 이같이 큰 구원을 등한히 여기면 어찌 그 보응을 피하리요 이 구원은 처음에 주로 말씀하신 바요 들은 자들이 우리에게 확증한 바니 하나님도 표적들과 기사들과 여러 가지 능력과 및 자기의 뜻을 따라 성령이 나누어 주신 것으로써 그들과 함께 증언하셨느니라

이 구절에서 말하는 바는 예수님이 전하신 말씀을 하나님께서 기적으로 확증하셨다는 말입니다. 예수님이 하늘로 올라가시고 제자들이 이 땅에서의 사역을 이어받았을 때, 하나님께서는 그들이 전하는 말씀도 표적과 기적 및 자신의 뜻에 따라 성령의 은사로 확증하셨습니다.

오늘날 그 누구도 예수님보다 더 뛰어나게 활동하고 있다고 주장할 수는 없습니다. 사실상 대부분의 그리스도인들은 초대 교회의 사도들이 하던 대로 하나님의 능력이 충만하게 나타나는 것을 자주 보지도 못합니다. 오늘날 기적은 필요 없다면서, 어쨌거나 우리에게는 하나님께서 보시기에 효과적으로 사역할 수 있는 탁월한 기름 부음과 능력이 있다고 믿는

사람들을 어떻게 생각해야 할까요? 그것은 교만의 극치입니다. 예수님과 초대 교회의 믿는 자들이 자신이 전한 하나님의 메시지를 확증하기 위해서 기적과 표적과 이적을 필요로 했다면, 우리 역시 그렇습니다.

2장

예수님의 속죄에 속한 일부
PART OF HIS ATONEMENT

    그리스도의 몸이 복음The Gospel, 즉 그분의 의도 전체를 온전하게 나타내었더라면 오늘날 우리는 세상에 훨씬 더 많은 영향을 주고 있었을 것입니다. 하나님께서는 우리의 죄를 용서하기 원하셨을 뿐만 아니라, 참으로 우리를 사랑하시어 우리 몸을 치유하고 재정적으로 축복하며 실망과 의기소침에서 구출하기 원하십니다.

    많은 사람들의 눈에 현대 교회가 너무도 비효과적이고 부적절하게 비춰졌던 주된 이유 중 하나는, 그들이 하나님께서는 다음 세상을 위한 분이라고만 설교해왔기 때문입니다. 현대 교회는 주님과의 관계를 천국과 지옥의 문제로 만들어버렸고, 따라서 주님께서 바로 지금 우리를 사랑하고 계신다는 것을 설교하지 않았습니다. 또한 하나님께서 바로 이 현시점에서 우리에게 역동적이고 절대적인 승리의 생명을 주기 원하신다고 가르치지 않았습니다. 그들은 치유, 형통, 해방을 전하지 않았습니다.

내가 보았던 어떤 통계에 따르면, 미국인의 85퍼센트가 하나님께서 계시다고 믿지만, 실제로 교회에 정기적으로 출석하는 것은 10에서 15퍼센트뿐이라고 합니다. 하나님을 믿는다고 하는 이들 가운데 누군가가 그리스도인이라는 이유로 고발을 당했다면, 그들이 그리스도인이라는 것을 확증시켜줄 충분한 증거가 있겠습니까? 단지 하나님이 존재한다고 말하는 사람들과 하나님과 살아있는 관계를 누리는 사람들 사이에는 엄청난 간격이 있습니다.

그 이유가 무엇입니까? 하나님의 존재하심을 안다는 그렇게도 많은 사람들이 그분과의 친밀한 관계를 꾸준히 가지면서 그분을 삶의 중심으로 삼지 못하는 이유가 무엇입니까? 아마도 몇 가지 요인이 있겠지만, 가장 뚜렷한 이유 중 하나는 교회가 하나님과의 관계를 천국과 지옥의 문제로 제시해왔기 때문입니다. 교회는 "당신이 죄 사함을 받아야 지옥에 가지 않을 것입니다."라고 설교해왔던 것입니다.

참으로 우리의 삶과 관계가 있는

도달해야 할 천국과 피해야 할 지옥이 있으며, 지옥을 면하려면 죄 사함을 받아야 한다는 것은 맞는 말입니다. 그러나 대부분의 사람들은 내세에 있는 지옥에는 관심이 없을 정도로 현세에서 지옥의 삶을 살고 있습니다. 그들은 경쟁을 하고, 이혼을 겪고, 질병으로부터 고통을 당할 뿐 아니라, 세상에서 일어나는 사건으로 인해 두려움에 떨고 있습니다. 그들은 주님이 현재의 삶 가운데 일어난 문제를 다루신다는 소식을 듣거나 본 적이 없습니다. 그들은 하나님께서 오직 다음 세상을 위해서 계신다고만 생각하기 때문에, 한치 앞을 보지 못합니다. 그들은 현재 당면한 모든 끔찍한 일을 처리하는 데만 너무도 사로잡힌 나머지, 영원에 대해서는 생각하지 못합니다. 그들은 하나님의 존재하심을 알기는 하지만, 죽기 전까지 그분을 미뤄둡니다. 왜냐하면 자신의 현재 일상이 하나님과 어떤 관계가 있는지를 모르기 때문입니다.

교회가 "하나님께서는 당신을 치유하시며 계속 건강하게 살도록 하실 것입니다. 하나님께서는 당신이 처한 의기소침, 절망, 갈등에서 당신을 구출하실 것입니다. 하나님께서는 당신의 노력과 수고를 통해서는 결코 이루지 못할 방식으로 당신을 형통케 하실 것입니다."라고 말함으로써 주님을 더 정확히 나타내주었다면 어땠을까요? 하나님께서 단지 죄 사함뿐만 아니라 다른 모든 분야를 위해서도 계시다는 진리를 우리 교회들이 나타냈더라면, 사람들은 하나님께서 우리의 일상생활과 참으로 관계가 있으신 분이라는 사실을 알았을 것입니다.

어떤 병자가 현대의 많은 "교회"(나는 특정 교회를 말하는 것이 아니라 포괄적인 의미로 이 단어를 쓰는 것입니다.) 중 하나에 찾아왔다면, 그들은 "왜 우리에게 오셨나요? 의사에게 가보십시오."라고 했을 것입니다. 가난한 사람이 찾아왔다면, "자, 아직 정부기관에 찾아가서 복지혜택을 알아보지 않으셨나요?"라고 말했을 것입니다. 낙심하고 의기소침하며 귀신에게 억압받는 사람이 찾아왔다면, 현대 교회는 그들에게 약을 처방해주는 정신과 의사를 소개해주었을 것입니다. 그러나 그것은 하나님께서 우리에게 바라시는 태도가 아닙니다. 교회는 사람들의 필요를 채워주어야 합니다! 우리가 사람들의 필요를 채워주지 못하기 때문에, 많은 사람들은 교회가 그들의 현재 삶과 관계가 없다고 여깁니다. 그들은 하나님의 존재를 의심하지는 않습니다. 그러나 죽기 직전까지는 자기가 왜 하나님을 필요로 하는지를 알지 못합니다. 그것은 잘못된 것입니다!

우리의 모범이신 예수님은 치유를 강조하셨습니다. 나는

단지 그분을 따르고 있을 뿐입니다. 예수님은 가시는 곳마다 사람들을 치유하셨습니다. 하나님 아버지께서는 이런 기적들을 사용하셔서, 예수님께서 이 땅에서 죄를 용서할 수 있는 권능을 가지고 있다는 사실을 사람들에게 알려주셨습니다. 치유는 그리스도의 메시지를 확증하였고, 그분이 하신 말씀의 타당성을 입증하였습니다. 그것이 하나님과 예수님께서 함께 하신 방식이기 때문에, 나도 좋은 선례를 따라가고 있는 것입니다.

말씀을 잘못 안 설교자들이 "하나님께서는 당신의 몸의 치유에 대해서는 관심이 없으십니다." 또는 "하나님께서 당신에게 어떤 교훈을 가르치려고 당신에게 질병을 주신 것입니다." 라고 말할 때, 이는 불신자와 그리스도인 모두에게 끔찍한 신호를 보내고 있는 것입니다. 그것은 절대로 사실이 아닙니다!

단지 "추가사항"이 아니다

나의 아버지는 내가 12살이 된 지 한 달 후에 돌아가셨습니다. 그분은 돌아가시기 전 한동안 의식불명 상태로 계셨습니다. 그래서 나는 11살의 나이로 몇 달 동안 죽음의 기로에 서 있는 아버지의 참혹한 상태를 경험한 적이 있습니다. 내가 성장했던 교회는 주님이 아버지께 그 병을 주셨으므로, 아버지께서 돌아가신 것이 하나님의 뜻이라고 말했습니다. 나는 그렇다고 해서 하나님께 반기를 들지는 않았지만, 내 심령 깊은 곳에서는 그것이 받아들여지지 않았습니다.

하지만 나는 나와 비슷한 경험을 하고 하나님께 반기를 들었던 다른 많은 사람들의 예를 들 수 있습니다. 그중 한 친구는 매우 유명합니다. 그는 어린 소년이었을 때 하나님이 계시다는 것을 알았고 그분을 추구하기까지 했습니다. 그러나 그의 여동생이 죽자, 종교인들은 하나님께서 하신 일이라고 말했습니다. 그는 주님께 완전히 등을 돌렸고, 오늘날에는 아주 거리낌 없이 무신론을 주장하는 자가 되었습니다. 그는 삶에서 겪은 이 예를 인용하면서 "하나님께서 계시다면, 그분께서 사람들에게 병을 주셨다고 말할 수는 없습니다!"라고 말합니다. 하나님에 대한 이 잘못된 설명으로 인해 많은 사람들이 주님으로부터 등을 돌리고, 주님에 대한 그들의 분노가 한층 더 강화됩니다.

"너의 아빠를 죽인 장본인이 하나님이셔."라는 말을 들었을 때 내가 하나님께 반기를 들지 않은 것은 전적으로 그분의 은혜였습니다. 다른 많은 사람들은 그렇게 반응하지 않았습니다.

수많은 사람들이 하나님이 존재하신다는 것은 알지만,

이유야 어떻든지 그들은 하나님과 별로 관계하고 싶어 하지 않거나, 아니면 그들의 일상생활에 그분께서 어떻게 관계하시는지를 모릅니다. 그것이 바로 치유가 강조될 필요가 있는 이유입니다. 우리는 하나님의 온전한 의도에 대한 진리를 말할 필요가 있습니다. 치유가 죄 사함 이상으로 높아져서는 안 되겠지만, 치유가 죄 사함 이하로 격하되어서도 안 됩니다.

예수님은 우리에게 죄 사함을 공급하시면서 동시에 치유도 공급하셨습니다.

치유는 단지 이따금씩 일어나는 "추가사항" 또는 "부가 혜택"이 아닙니다. 치유는 그리스도께서 오셔서 하신 일의 핵심적인 부분입니다. 예수님은 우리의 죄 사함을 위해 죽으셨던 것과 마찬가지로, 우리 몸의 치유를 위해서도 죽으셨습니다. 주님께서는 죄 사함을 값 주고 사신 것과 마찬가지로, 치유도 값 주고 사셨습니다. 치유는 전적으로 예수님의 속죄에 속한 일부입니다.

이미 성사된 거래

오늘날 그리스도의 몸 전반에서는 아직도 이 진리를 널리 이해하지도 믿지도 않습니다. 이것이 바로 아주 적은 사람들만이 이 진리 안에서 행하고 있는 이유를 설명해줍니다. 대부분의 그리스도인들은 하나님께서 원하신다면 분명히 치유하실 수 있다고 생각하지만, 그분께서 이미 우리를 질병으로부터 속량하셨다는 사실은 깨닫지 못합니다. 그들은 치유가 하나님께 가능한 일이라고는 보지만, 그분의 뜻이라는 것은 확실히 알지 못합니다.

치유가 (2,000년 전에 일어난) 속죄의 일부라는 것을 인식한다면, 당신은 주님께서 우리를 이미 치유하셨다는 사실도 납득하게 될 것입니다. 주님은 이미 값을 치르고 그 축복을 사셨습니다. 그 능력을 이미 선사하셨습니다. 치유는 이미 성사된 거래이기에, 이제 죄 사함과 마찬가지로 우리가 손에 넣고 사용할 수 있는 것입니다.

3 장

소조!
SOZO!

그리스도께서 하나님 곧 우리 아버지의 뜻을 따라 이 악한 세대에서 우리를 건지시려고 우리 죄를 대속하기 위하여 자기 몸을 주셨으니 갈 1:4

예수님은 장차 오는 악한 세상만이 아니라 현재의 이 악한 세상으로부터도 우리를 구출하시려고 우리 죄를 대신하여 자신을 내어주셨습니다.

많은 사람들은 예수님께서 그분의 죽으심과 장사됨과 부활을 통해, 오로지 영적이고 영원한 영역에만 영향을 끼쳤다고 생각합니다. 이 때문에, 그들은 우리 모두가 천국으로 갈 때가 놀라운 날이 될 것이라는 가사로 노래를 만듭니다. 물론 천국에서는 영광스럽겠지만, 예수님은 현재의 이 악한 세상으로부터도 우리를 구출하고자 오셨습니다. 우리는 지옥과 죄와 미래의 형벌로부터만 구원받는 것이 아닙니다. 예수님은 지금 이 물리적인 세계에서 우리를 구출하고 보호하며 필요를 공급하기 위해서도 오셨습니다.

모든 것을 포괄하는 단어

소조σώζω라는 헬라어는 신약에 백 번 이상 사용되었습니다. 이는 구원에 대해 모든 것을 포괄하는 단어로, "구원하다save" 또는 "구원받다saved"로 표현되기도 합니다.[3] 하지만 이 중요한 단어가 어떻게 번역되는지를 자세히 관찰한다면, 우리의 구원이 단지 죄 사함 이상을 담고 있다는 사실이 분명히 드러날 것입니다.

소조는 죄 사함을 가리키면서 "구원하다"라는 단어로 38번 번역되었습니다. 그 몇 가지 예는 다음과 같습니다.

---

3) Thayer and Smith, The KJV New Testament Greek Lexicon, "Greek Lexicon entry for Sozo" http://www.biblestudytools.com/ lexicons/greek/kjv/sozo.html에서 이용가능, Strong's#4982.(저자 주)

아들을 낳으리니 이름을 **예수**라 하라 이는 그가 자기 백성을 그들의 죄에서 구원할[소조] 자이심이라 하니라 마 1:21

하나님의 지혜에 있어서는 이 세상이 자기 지혜로 하나님을 알지 못하므로 하나님께서 전도의 미련한 것으로 믿는 자들을 구원하시기를[소조] 기뻐하셨도다 고전 1:21

그러므로 자기를 힘입어 하나님께 나아가는 자들을 온전히 구원하실[소조] 수 있으니 이는 그가 항상 살아 계셔서 그들을 위하여 간구하심이라 히 7:25

용서받고, 치유받고, 해방되었으니

또한, **소조**는 죄 사함을 가리키면서 "구원받다"라고 53번 번역되었습니다. 하지만 이 똑같은 헬라어 단어 **소조**가 "치유되다(낫다)healed"로 번역된 경우도 있습니다.

[야이로가 예수님께] 간절히 청하여 말씀드리기를 "내 어린 딸이 죽어 가고 있나이다. 간구하오니 오셔서 그 아이에게 안수하시어, 그 아이가 치유받고[소조] 살아나게 하소서."

라고 하더라. 막 5:23, 한글킹제임스

"치유되다"라는 단어는 육체의 치유를 가리키고 있습니다. 좀 더 이야기하자면, 야이로의 딸은 실제로 죽었지만, 예수님이 그 소녀를 죽은 자들로부터 살리셨습니다(막 5:35-43). 그러므로 이 경우에 **소조**, 즉 "치유되다"라는 말은 육체의 치유, 더 나아가 육체가 죽음으로부터 부활하는 것을 가리킵니다.

또한 이 단어는 죄 사함과 육체의 치유뿐 아니라, 귀신으로부터 해방된 경우에도 적용됩니다.

> 또한 그 일을 본 사람들이 마귀들에게 사로잡힌 그 사람이 어떻게 낫게 되었는가를[소조] 그들에게 말해 주더라.
>
> 눅 8:36, 한글킹제임스

흔히 귀신들린 거라사인이라 불리는 이 사람을 누구도 붙잡아둘 수 없었습니다. 그는 실제로 자기를 묶었던 사슬을 종종 끊어버리기도 했습니다. 때로 치유를 받기 위해서는 귀신으로부터 해방되어야 하는 경우가 있습니다. 이러한 경우도 **소조**라는 단어에 포함됩니다.

이 사람이 바울이 말하는 것을 듣고 있을 때 바울이 그를 유심히 보니 그에게 치유받을[소조] 만한 믿음이 있는 것을 안지라. 행 14:9, 한글킹제임스

바울은 이 불구자를 보고 그 사람에게 치유받을[소조] 만한 믿음이 있다는 것을 알아차렸습니다. 그리고 그 사람은 치유받았습니다(행 14:8-10).

그리스도의 구원하는 능력

야고보서 5:15은 그리스도의 구원하는 능력이 치유와 죄 사함으로 우리 삶 가운데 나타난 고전적인 예입니다.

믿음의 기도는 병든 자를 구원하리니[소조] 주께서 그를 일으키시리라 혹시 죄를 범하였을지라도 사하심을 받으리라
약 5:15

또 다른 예에서, 예수님께서는 서기관들과 바리새인들의 생각을 아시고 다음과 같이 물으셨습니다.

내가 너희에게 묻노니 안식일에 선을 행하는 것과 악을 행하는 것 생명을 구하는[소조] 것과 죽이는 것 어느 것이 옳으냐

눅 6:9

서기관들과 바리새인들이 대답하지 않자, 예수님은 몸을 돌이켜서 오른손이 마른 자를 고치셨습니다(눅 6:8-11). 예수님께서는 죄 사함에 대해서 말씀하셨던 것이 아닙니다. 그분이 말씀하신 의미는 몸의 치유였습니다.

온전케 되다

소조라는 이 똑같은 단어가 치유와 관련해서 "온전케 되다 made whole"로도 번역되었습니다.[4] 혈루증을 앓는 여인의 예를 생각해봅시다.

---

[4] 저자는 이번 단락에서, 영어킹제임스 성경이 헬라어 "소조"를 "made whole" 또는 "be whole"로 번역한 구절에 대해 설명하고 있다. 그러나 해당 구절의 해당 단어를 한글개역개정에서는 "구원하다", 한글킹제임스에서는 "낫다"라고 번역하고 있어 저자의 설명과는 맞지 않으므로, 일부 구절은 불가피하게 역자가 번역한 후 "역자 직역"이라고 표기하였다.(편집자 주)

예수께서 돌이켜 그를 보시며 이르시되 딸아 안심하라 네 믿음이 너를 온전케 하였다[소조] 하시니 여자가 그 즉시 온전하게 되었다[소조] 마 9:22, 역자 직역

혈루증을 앓는 여인은 믿음으로 예수님의 옷자락을 만져서 치유를 받았습니다. 그녀는 **소조**, 곧 온전케 되었습니다. '온전케 되다'라는 헬라어 단어와 죄 사함을 의미하는 헬라어 단어는 같은 단어입니다. 그런데 여기에서도 이 단어는 육체의 치유에 적용되었습니다.

마가복음에서는 같은 사건에 대해, 이 여인이 예수님께 다가가기 직전에 이렇게 말했다는 사실을 보여주고 있습니다.

만일 내가 그분의 옷만 만져도 온전케 되리라[소조] 막 5:28, 역자 직역

소조는 성경에서 "온전케 되다made whole" 또는 "온전해지다be whole"라고 17번 번역되었습니다. 이처럼 하나님의 말씀을 보면 구원이 죄 사함에만 국한되지 않는 것이 분명합니다.

또 주께서 마을이나 성읍이나 시골이나 들어가시는 곳마다 그들은 거리에 병자들을 내려놓고 주의 옷자락만이라도

만지기를 주께 간구하더라. 주를 만지는 사람들은 다 온전해
지더라[소조] 막 6:56, 한글킹제임스

야이로의 딸이 죽었다는 소식을 들었을 때 예수님께서는
그에게 다음과 같이 대답하여 말씀하셨습니다.

두려워 말라. 믿기만 하라, 그러면 그 아이가 온전케 되리라
[소조] 눅 8:50, 역자 직역

여기에서 주님은 야이로의 딸의 육체적 치유를 가리키고
계셨던 것입니다.

풍성하게 공급되다

구원의 의미는 죄 사함만이 아니라, 몸의 치유와 귀신으로
부터의 해방과 재정적 번영도 포함하고 있습니다. 현대의
많은 교회들은 구원을 죄 사함으로만 해석해왔지만, 그것은
주님께서 하신 일을 불완전하게 표현한 것입니다. 죄 사함은
확실히 핵심이기에, 나는 그것을 절대 축소시키지 않을 것입
니다. 하지만 그리스도께서는 죄로부터 우리의 속량의 값을

치르려고 죽으심과 동시에, 우리를 질병과 의기소침과 가난으로부터 자유케 하시기 위해서도 죽으셨습니다.

고린도후서 8:9은 속죄atonement와 우리의 가난으로부터의 속량redemption에 관한 분명한 말씀입니다.

> 우리 주 예수 그리스도의 은혜를 너희가 알거니와 부요하신 이로서 너희를 위하여 가난하게 되심은 그의 가난함으로 말미암아 너희를 부요하게 하려 하심이라 고후 8:9

예수님께서는 그분의 가난을 통하여 우리를 부요하게 하려고, 즉 우리가 풍성하게 공급을 받게 하려시고 가난하게 되셨습니다. 그리스도의 죽으심과 장사됨과 부활을 통해서 하나님께서는 우리가 현재의 삶과 장래의 삶에서 필요로 하는 모든 것, 즉 죄 사함과 치유와 귀신으로부터의 해방과 재정적 번영을 공급하셨습니다. 이 얼마나 선하신 하나님이십니까!

4 장

온전한 선물꾸러미
THE FULL PACKAGE

　예수님께서는 오로지 우리의 죄를 위해서만 죽으신 것이 아닙니다. 만약 예수님이 우리의 죄를 위해서만 죽으셨다면, 치유는 그분이 원하실 경우에만 가능한 것이 되었을 것입니다. 그렇지 않습니다! 그리스도께서는 우리의 죄 사함을 위해서 값을 치르신 것과 마찬가지로, 우리 몸의 치유를 위해서도 완전한 값을 치르셨습니다. 그분은 그분의 속죄 안에서 이 모든 것을 단번에 값 주고 사셨습니다. 이 말은 현대의 많은 교회들이 제시하는 내용과는 다를지 모릅니다. 그러나 성경은 이를 지지합니다.

　다음의 시편 103:1-3을 깊이 생각해 보십시오.

내 영혼아 여호와를 송축하라 내 속에 있는 것들아 다 그의 거룩한 이름을 송축하라 내 영혼아 여호와를 송축하며 그의 모든 은택을 잊지 말지어다 그가 네 모든 죄악을 사하시며 네 모든 병을 고치시며 시 103:1-3

특별히 시편 103:2은 우리에게 그분의 은택을 잊지 말라고 말씀합니다. 주님은 우리의 모든 죄악을 용서하시고 모든 질병을 고치십니다(3절). 신약의 베드로전서 2:24 역시 동일하게 말씀합니다.

친히 나무에 달려 그 몸으로 우리 죄를 담당하셨으니 이는 우리로 죄에 대하여 죽고 의에 대하여 살게 하려 하심이라 그가 채찍에 맞음으로 너희는 나음을 얻었나니 벧전 2:24

시편 103:3과 베드로전서 2:24은 둘 다, 죄 사함과 치유라는 구원의 혜택을 한 구절 안에서 함께 언급합니다. 성경은 예수님께서 속죄 안에서 행하신 일을 분리하지 않았습니다. 오직 사람들만 그렇게 나누는 것입니다. 하나님께 있어 구원은 '어떤 것도 뺄 수 없는 일괄 거래a package deal' 입니다.

부가 혜택?

어떤 사람은 이렇게 말합니다. "치유나 해방이나 번영에 대해 말하지 맙시다. 다만 죄 사함에만 초점을 맞춥시다. 그것이 모든 사람이 동의할 수 있는 부분이고, 속죄의 주요 부분입니다. 다른 것들은 그저 부가 혜택일 뿐입니다." 부가 혜택이라니요? 나는 그것이 하나님을 모욕하는 언사라고 믿습니다!

예수님께서 우리를 위해 하신 모든 일을, 내가 했다고 가정해 봅시다. 다시 말해, 당신의 죄가 용서되도록 내가 죽고, 당신의 치유를 낳기 위해 내 몸에 채찍을 맞고, 당신이 절대 하나님과 분리되지 않도록 내가 나의 아버지와 분리되며, 나의 가난을 통해 당신이 부요하게 되도록 내가 가난하게 되었다고 말입니다. 그런데 당신이 나에게 와서 이렇게 말합니다. "당신이 하신 일로 인해 감사드립니다. 하지만 저는 그것의 사분의 일만 취할 것입니다. 죄 사함이 가장 중요하기 때문에, 저는 진정으로 거기에만 초점을 두고 싶습니다. 그러므로 저는 제 몸을 위한 치유나, 귀신의 억압으로부터의 해방이나, 재정적인 축복을 사용하지 않을 것입니다. 저는 그런 것들은 원하지 않습니다. 당신은 저에게 과분한 일들을 넘치게 이루셨습니다. 그래서 저는 겸손하게 제 자신을 낮추며, 당신이 공급하신 것 중 사분의 일만을 취하려 합니다." 그러나 내가 한 일을 당신이 조각내는 짓은 전혀 내게 복이 되지 않았을 것입니다.

그것은 나를 기쁘게 하지 못했을 것입니다. 오히려 나는 "그들이 누리지 않을 거라면 내가 왜 죄 시함 외에 다른 일들을 위해서도 고난을 당한 거지?"라고 느꼈을 것입니다.

하나님께서는 세상을 그토록 사랑하셔서 그분의 독생자를 주셨습니다(요 3:16). 이는 사람들이 지옥에 가지 않도록 하기 위해서만이 아니었습니다. 예수님은 우리를 죄와 질병과 가난으로부터도 구원하셨습니다. 그분은 우리를 현재의 이 악한 세상으로부터 구출하시기 위해 자신을 완벽한 속죄 제물로 드리셨습니다(갈 1:4).

내가 고난당하고 피 흘리며 죽고 부활함으로써 당신에게 주려고 했던 모든 것 가운데 단지 작은 부분만을 당신이 활용한다면, 나는 기쁘지 않았을 것입니다. 내가 하나님이라면, 나는 분명히 당신을 계속 사랑할 것이지만, 기쁘지는 않을 것입니다. 나는 하나님께서 사람들에게 화가 나셨다고 말하고 있는 것은 아닙니다. 하지만 하나님께서 우리를 위해 이 모든 것을 공급하셨는데 우리 중 매우 많은 사람들이 그 유익을 누리지 않고 있다면, 하나님께서는 분명히 실망하고 계실 것입니다.

기독교는 지금까지 "예수님께서 속죄하신 것은 오직 죄 사함만을 위한 것입니다. 물론, 하나님은 하나님이시기 때문에 원하신다면 치유하실 수 있지만, 그것은 케이크 위에 올린 장식에 지나지 않으며, 부가적인 것에 불과합니다. 치유는 기본적인 구원의 선물꾸러미에 속해 있는 것이 아닙니다."라고 설교해왔습니다. 그러나 그렇지 않습니다! 하나님의 말씀은 치유가 구원의 선물꾸러미에서 없어서는 안 되는 필수요소임을 분명히 밝히고 있습니다. 치유는 죄 사함만큼이나 속죄에서 비중이 있습니다!

적극적으로 맞서 싸우라

이 계시를 심령에 확고히 하면, 그로 인해 당신은 "하나님께서 사람들을 죽게 하시는 장본인이십니다. 하나님께서는 어떤 속량적인 목적으로 당신을 겸손하게 하고 이 모든 고통을 통해 당신을 온전하게 하시려고 당신에게 병을 주시는 것입니다."라는 거짓된 가르침을 거부할 수 있게 됩니다. 예수님은 당신의 죄를 용서하시기 위해서만이 아니라 당신의 몸을 치유하시기 위해서도 죽으셨습니다. 죄 사함과 몸의 치유는 완전하고 완성된 하나의 속죄에 속합니다. 이는 예수님께서 당신을 죄로 이끌지 않으시는 것처럼, 당신에게 더 이상 질병을 주지 않으신다는 뜻입니다. 이런 태도를 갖고 있다면 당신은 이렇게 말할 것입니다. "나는 죄에 항복하지 않듯이 병에게도 더 이상 굴복하지 않겠다." 당신이 그런 사고방식을 갖는다면, 당신의 몸에 치유가 나타나는 것을 보기 시작할 것입니다.

사람들이 더 큰 차원의 치유를 보지 못하는 하나의 이유는 그들이 치유에 전념하지 않기 때문입니다. 그들은 '이건 자연스러운 일이야.'라고 생각하면서 병약함을 받아들입니다. 더 심각한 것은 그들이 "너를 아프게 하신 장본인이 하나님이셔."라는 소리를 자주 들어왔다는 사실입니다. 야고보서 4:7이 말씀합니다.

> 그런즉 너희는 하나님께 복종할지어다 마귀를 대적하라 그리하면 너희를 피하리라

"대적하라resist"라는 말은 "적극적으로 맞서 싸우라actively fight against"라는 뜻입니다.[5] 그런데 당신이 하나님께서 병과

---

5) Thayer and Smith, "Greek Lexicon entry for Anthistemi"의 정보에 근거함. Strong's #436, S.V. "resist," James 4:7.(저자 주)

병약함과 질병을 보내시는 장본인이라고 생각한다면, 어떻게 마귀 및 그에게서 나온 병과 병약함과 질병에 맞서 적극적으로 싸울 수 있겠습니까? 사탄이 당신으로 하여금 주님께서 당신이 병들기를 원하신다는 말에 수긍하도록 만들 수만 있다면, 당신은 그 질병에 적극적으로 맞서 싸우지 못할 것입니다. 당신은 하나님께 자유케 해달라고 애걸복걸할지도 모르지만, 하나님이 병을 주시는 분이 아니라는 사실을 알기 전에는, 병에 맞서 싸우지 못할 것입니다. 예수님께서 그분의 속죄의 일부로 치유도 값 주고 사셨다는 것을 믿지 않는다면, 당신은 병약함과 질병에 맞서지 못할 것입니다. 하나님께서는 당신이 건강하기를 원하신다는 것을 심령으로 수긍하지 않는다면, 당신은 해방될 것을 구할지는 몰라도 적극적으로 병에 맞서 싸우거나 치유에 대한 믿음을 유지하지는 못할 것입니다.

당신은 병에 대해서 당신이 죄에 대하여 취하는 태도와 똑같은 태도를 취해야 합니다! 나는 당신이 죄를 지어도 정죄하지 않을 것이며(롬 8:1-2), 마찬가지로 병에 걸려도 정죄하지 않을 것입니다. 그리스도인은 죄로부터 속량 받은 자입니다. 우리를 지배하던 죄의 권능은 깨어졌고, 우리는 죄에 대해 죽었습니다(롬 6:11-14). 우리는 물론 죄 가운데 살아서는 안 되지만, 우리에게는 죄 사함이 있습니다. 당신이 죄를 짓더라도 은혜는 있습니다. 그래서 나는 당신을 정죄하지 않을 것입니다. 거듭난 모든 믿는 자는 우리가 하나님의 기준에 걸맞게 살지 않았다는 사실에 직면하며 지내야 했습니다. 그럴지라도 나는 당신을 정죄하지 않을 것입니다. 마찬가지로, 나는 병들어 있는 그리스도인을 정죄하지 않을 것입니다. 하지만 나는 "하나님께서는 우리가 병들기를 바라신다."라고 말하는 태도에 대해서는 정죄할 것입니다. 그런 태도는 "하나님께서는 우리가 죄짓기를 바라신다."라고 말하는 것만큼이나 나쁜 태도입니다. 그렇지 않습니다. 그것은 잘못된 것입니다. 예수님은 죄로부터 우리를 속량하셨으며, 동시에 병으로부터도 우리를 속량하셨습니다.

나가서 죄를 짓더라도 무언가 배우는 것은 있습니다. 당신은 마약을 하고 환각증상 때문에 어리석은 짓을 하며, 자동차 사고를 내서 체포될지도 모릅니다. 당신은 술에 취해서 부도덕하고 왜곡된 일에 참여하며 성병에 감염될지도 모릅니다. 당신은 이런 경험을 통해, 이런 모든 것은 어리석은 일이며 훨씬 더 좋은 일을 할 수 있었다는 사실을 배울 수 있습니다. 하지만 그렇다고 당신이 그분을 더욱 추구해야 한다는 것을 가르치려고, 하나님께서 당신이 술 취해서 차 사고를 내고 체포당하기를 바라셨다는 뜻은 아닙니다. 그런 경험을 통해 뭔가 배울 수는 있었겠지만, 그렇다고 하나님께서 당신이 그렇게 하기를 원하셨겠습니까? 아닙니다. 누구도 "하나님께서는 나를 겸손하게 하려고 내가 술 취하고 마약에 취해 체포되게 하셨다."라고 말하지 못할 것입니다. 우리는 예수님이 우리를 죄에서 자유케 하려고 죽으셨다는 사실을 알고 있기 때문입니다.

마귀에게 눌린 자들

예수님은 죄에서 당신을 자유케 하려고 죽으신 것과 마찬가지로, 병에서도 당신을 자유케 하려고 죽으셨습니다. 그리스도께서는 당신을 죄로 이끌지 않으시는 것과 마찬가지로, 당신을 병약함이나 질병으로도 이끌지 않으십니다. 하나님은 당신을 대적하는 병을 주신 분이 아니십니다!

사도행전 10장에서 베드로는 고넬료와 그의 집안에 복음을 전하였습니다. 베드로는 예수님의 생애와 사역을 요약하여 다음과 같이 말했습니다.

> 하나님이 나사렛 예수에게 성령과 능력을 기름 붓듯 하셨으매 그가 두루 다니시며 선한 일을 행하시고 마귀에게 눌린 모든 사람을 고치셨으니 이는 하나님이 함께 하셨음이라 행 10:38

위 구절에서 예수님께서 두루 다니시면서 사람들을 고치신 일이 선한 일이었다고 말씀하고 있는 점에 유의하십시오. 오늘날 어떤 교회들은 다른 사람들이 치유되도록 기도하며 주장하는 사람들을 마귀에게 속한 자들로 여깁니다. 이런 생각은 하나님의 말씀이 위 구절에서 말하는 바와는 반대되는 것입니다. 예수님이 병자를 치유하셨을 때, 성경은 그 일이 선하고 하나님께 영광을 가져왔다고 선언합니다. 하나님께 영광을 가져오고 사람들을 그분께 더 가까이 데려오는 일은 마귀에게 속한 것이 아닙니다. 사탄은 사람들을 치유하러 돌아다니지 않습니다.

예수님은 선한 일, 곧 마귀에게 눌린 모든 사람들을 치유하는 일을 하러 돌아다니셨습니다. 사람들이 하나님이 아니라 마귀에게 눌려 있었다는 사실에 유의하십시오. 하나님은 병이나 병약함이나 질병의 장본인이 아니십니다.

성취된 예언

이사야 선지자는 이사야 53장에서 오실 메시아에 대해 다음과 같이 강력하게 예언하였습니다.

그는 멸시를 받아 사람들에게 버림 받았으며 간고를 많이 겪었으며 질고를 아는 자라 마치 사람들이 그에게서 얼굴을 가리는 것 같이 멸시를 당하였고 우리도 그를 귀히 여기지 아니하였도다 그는 실로 우리의 질고sorrows를 지고 우리의 슬픔grief을 당하였거늘 우리는 생각하기를 그는 징벌을 받아 하나님께 맞으며 고난을 당한다 하였노라 그가 찔림은 우리의 허물 때문이요 그가 상함은 우리의 죄악 때문이라 그가 징계를 받으므로 우리는 평화를 누리고 그가 채찍에 맞으므로 우리는 나음을 받았도다 사 53:3-5

젊은 시절에 나는 이 성경 구절을 다음과 같이 바꾸어서 해석한 소리를 들었습니다. "이것은 육체의 치유에 관한 말씀이 아니다. 감정의 치유와 영적인 치유에 관한 말씀일 뿐이다. 상징적인 의미에서 우리 모두는 죄가 우리에게 입힌 손상 때문에 절뚝거리는 불구자로 살아왔다. 예수님이 오셔서 그런 상태에서 우리를 해방시켜주신 것이다." 하지만 당신이 이사야 53장, 특히 4절의 의미를 히브리어 원문으로 공부해 보면, 이 구절이 육체의 치유를 가리킨다는 점은 명백해집니다.

실제로 마태복음 8:16-17은 예수님이 이사야 53:4의 예언을 정말로 성취하셨다고 기술합니다.

저물매 사람들이 귀신 들린 자를 많이 데리고 예수께 오거늘 예수께서 말씀으로 귀신들을 쫓아내시고 병든 자들을 다 고치시니 이는 선지자 이사야를 통하여 하신 말씀에 우리의 연약한 것infirmities을 친히 담당하시고 병sickness을 짊어지셨도다 함을 이루려 하심이더라 마 8:16-17

신약에서 마태가 성령의 영감 아래 이사야 53:4을 인용하면서 질고와 슬픔을 "연약한 것"과 "병"이라는 의미로 해석한 것에 주목하십시오. 마태복음 8:16-17을 통해 분명히 밝혀진 것은 이사야가 말한 것이 영적인 치유와 감정의 치유가 아니라는 사실입니다. 물론 영적인 치유와 감정의 치유도 우리의 구원의 혜택 안에 포함되어 있지만, 마태복음 8:16-17은 특별히 우리 몸의 육체적 치유에 대해 말씀한 것입니다. 마태복음의 문맥을 볼 때, 이 사실이 입증됩니다. 예수님이 귀신들을 쫓아내시고 병든 자들을 모두 고치셨을 때, 성경은 이것이 바로 이사야 선지자가 했던 예언이 성취된 것이라고 말씀합니다.

마태복음 8:16-17에 비추어 볼 때 확실한 것은, 예수께서 우리의 슬픔을 지고 우리의 질고를 담당하셨으며 또한 그분이 채찍에 맞으심으로 우리가 낫게 된다고 한 이사야 53:4-5 말씀이 어떤 영적인 치유나 감정의 치유를 가리킨 것이 아니라는 점입니다. 이사야 53:4-5은 우리 몸의 육체적 치유에 대해 말하고 있습니다. 이사야 53장에 대한 마태복음 8장의 주석은 이 강력한 진리를 입증합니다.

속죄를 조각내기

우리는 이미 육체적 치유가 그리스도의 속죄에서 중요한 부분이라고 밝히 계시해주는 많은 성경 구절들을 살펴보았습니다. 육체의 치유는 예수님께서 피 흘리고 죽으시고 부활하심으로 우리에게 공급하려고 하셨던 것에 속한 일부로서, 선택사항이 아닙니다. 그렇기 때문에, "치유에 대해서는 설교하지 맙시다. 죄 사함에만 초점을 맞춥시다."라고 말하는 것은 틀린 것입니다. 이는 마치 속죄를 여러 조각으로 나누어 버리면서 "예수님이 하신 것 중 일부는 중요하지만 다른 부분은 그렇지 않습니다."라고 말하는 것과 같습니다. 이는 옳지 않습니다. 예수님이 우리를 위해 하신 모든 것, 곧 그분께서 고난 받고, 죽고, 부활하심으로써 우리에게 공급해주신 모든 것이 중요한 것입니다.

주님께서 진짜 전하려고 하신 메시지에 못 미치는 그림을 택하여 나타내는 것 자체가 그분을 존중하지 않는 것입니다.

하나님께서 제공하신 온전한 구원의 꾸러미에서 중요한 부분을 무시하고 등한시하고 불신하는 것 자체가 그분을 영화롭게 하지 않는 것입니다. 우리는 많은 사람들에게 있어 복음의 메시지를 미래에만 적용되고, 현재 삶과는 별로 상관없는 것으로 만들어버렸습니다. 그들은 구원을 우리의 현재 상황과는 크게 의미도 관계도 없는 것으로 인식합니다. 그러나 이는 전적으로 틀린 것입니다.

5 장

질병과 죄
SICKNESS AND SIN

하나님의 뜻은 언제나 우리를 치유하시는 것입니다. 우리가 이 사실을 아는 이유는 예수님께서는 아버지께서 행하신 것을 본 대로만 행하시기 때문입니다.

그러므로 예수께서 그들에게 이르시되 내가 진실로 진실로 너희에게 이르노니 아들이 아버지께서 하시는 일을 보지 않고는 아무 것도 스스로 할 수 없나니 아버지께서 행하시는 그것을 아들도 그와 같이 행하느니라 요 5:19

성자 하나님께서는 성부 하나님의 정확한 형상이십니다.

그는 하나님의 영광의 광채시며 그분의 인격의 정확한 형상이시고, 그의 능력의 말씀으로 만물을 붙들고 계시며, 친히 우리의 죄들을 정결케 하시고 높은 곳에 계신 위엄 있는 분의 오른편에 앉으셨으니 히 1:3, 한글킹제임스

"정확한 형상express image"으로 번역된 헬라어는 꼭 빼닮은 복사판identical copy 또는 완벽한 표현perfect representation이라는 뜻입니다.[6] 그러므로 하나님의 말씀은 예수 그리스도께서 그분의 아버지를 꼭 빼닮은 복사판이요 완벽한 표현이라고 계시합니다. 예수님은 아버지께로부터 들은 것만 말씀하셨고, 아버지께서 행하신 것을 본 대로만 행하셨습니다. 그러므로 우리는 예수님의 삶을 보면서 치유에 관한 하나님의 뜻을 확실히 알 수 있습니다.

완벽한 표현

복음서 어디에도 예수님께서 누군가에게 병을 내리신 예가

---

6) Thayer and Smith, "Greek Lexicon entry for Charakter"로부터 나온 정보에 근거함. http://www.studylight.org/lex/grk/view.cgi?number =5481에서 이용가능. S.V. "image," Hebrews 1:3.(저자 주)

없습니다. "하나님께서 사람들을 병들게 하시는 장본인이다."라고 설교하는 현대 교회는 그리스도께서 하나님을 완벽히 표현하신 것과는 정반대로 하나님을 표현하는 것입니다. 이는 예수님이 우리에게 제시하신 그분의 아버지에 대한 정확한 형상과는 완전히 반대입니다. 예수님은 누군가를 병들게 하신 적이 단 한 번도 없으셨습니다. 그분은 단 한 명도 치유하기를 거절한 적이 없으셨습니다. 사람들이 그분의 치유를 받아들이기를 거절한 경우는 두 차례 정도 있었습니다. 하지만 그 경우도 예수님이 그들을 치유하고 싶지 않아서가 아니었습니다. 그들이 치유를 받아들이지 않았던 것입니다(뒤에서 이 부분을 다룰 것입니다). 예수님이 "안 돼, 하나님께서는 네가 병들기를 원하셔."라고 말씀하신 적이 단 한 차례도 없습니다. 그분은 어느 누구에게도 손을 얹어 병약함이나 질병을 내리신 적이 없습니다. 그것은 예수님이 아버지 하나님을 표현하신 방식이 아닙니다.

  복음서에는 예수님이 그 자리에 있던 모든 병자를 고치셨다는 대목이 17번이나 나옵니다. 또한 복음서에는 그리스도께서 한 번에 적어도 한두 사람을 고치신 예가 47번이나 나옵니다(이 책 말미에 있는 "치유는 언제나 하나님의 뜻인가?"라는 항목을 보십시오). 그러나 당신은 예수님이 한 명이라도 치유하기를 거부하신 예나 어느 누군가에게 병을 내리신 경우를 단 하나도 발견할 수 없습니다.

하나님이 나사렛 예수에게 성령과 능력을 기름 붓듯 하셨으매 그가 두루 다니시며 선한 일을 행하시고 마귀에게 눌린 모든 사람을 고치셨으니 이는 하나님이 함께 하셨음이라 행 10:38

하나님께서는 병을 주시는 분이 아닙니다. 그분은 오히려 치유를 주시는 분이십니다.

축복인가 저주인가?

구약의 율법 아래에서도 병과 연약함과 질병은 "축복"으로 여겨진 적이 없었습니다. 신명기 28:1-14에는 하나님의 계명을 지키는 자들에게 약속된 축복이 열거되어 있고, 이후 16-68절에는 하나님의 계명을 지키지 않는 자들에게 임할 저주가 서술되어 있습니다.

이제, 당신은 오늘 우리가 새 언약 안에 있다는 사실을 알아야 합니다. 우리는 하나님의 축복을 받기 위해 구약의 모든 율법을 지켜야 할 필요가 없습니다. 예수님께서는 우리를 율법의 저주로부터 속량하셔서, 그분을 믿음으로 말미암아 우리에게 축복이 임할 수 있게 하셨습니다.

> 그리스도께서 우리를 위하여 저주를 받은 바 되사 율법의 저주에서 우리를 속량하셨으니 기록된 바 나무에 달린 자마다 저주 아래 있는 자라 하였음이라 이는 그리스도 예수 안에서 아브라함의 복이 이방인에게 미치게 하고 또 우리로 하여금 믿음으로 말미암아 성령의 약속을 받게 하려 함이라 갈 3:13-14

그러므로 그리스도 안에서 우리는 믿음으로 말미암아 신명기 28장에 열거된 축복에 들어갑니다. 또한 우리는 이미 그리스도 안에서 신명기 28장에 열거된 저주로부터 속량되고 해방되었습니다. 하지만 우리는 여전히 신명기 28장을 통해 하나님께서 무엇을 "축복"으로 보시고, 반대로 무엇을 "저주"라고 보시는지를 알 수 있습니다.

가운데를 선을 그어 두 칸으로 나눈 칠판을 한번 떠올려보십시오. 왼쪽 위에는 "축복"이라는 이름이 적혀있고, 오른쪽 위에는 "저주"라는 이름이 적혀있습니다. 신명기 28장에 따르면 건강은 왼쪽에, 병은 오른쪽에 열거된 것들입니다. 하지만 오늘날 교회에 속한 많은 사람들은 이를 뒤집어서 말합니다. "오, 아닙니다. 하나님께서 제게 이 병을 주신 것은 참으로 축복입니다." 그것은 옳지 않습니다.

방해물

병들어 있는 사람들에게서 무언가 좋은 것이 나올 수 있을까요? 확실히 나올 수 있습니다. 이는 죄라는 고난을 통해 무언가를 배웠던 사람들과 같은 맥락입니다. 끔찍하게 잘못된 일을 저지르다가 그들은 "이런, 내 인생은 완전히 무너졌어. 나는 망나니야. 귀신이 들렸는지도 몰라. 하나님께 돌이켜야 해!"라고 깨닫습니다. 그래서 그들은 믿음으로 주님의 이름을 부르고, 구원을 받고 해방됩니다. 나는 실제로 살인죄로 감옥에 들어와 사형수 감방에 있는 사람들을 개별적으로 만나 이야기를 나눈 적이 있습니다. 그들은 사형수 감방에서 주님께로 돌이키기로 결정하고 거듭났습니다. 이런 상황에 처한 몇몇 재소자들이 내 라디오 프로그램을 듣고 내게 편지를 보냈습니다. 하나님께서 그들의 삶에 일어나고 있던 것을 사용하여 막다른 곳까지 끌고 가셔서, 그들을 거듭나게 하셨다는 것입니다. 그래서 이제는 그들의 삶 전제가 바뀌었고, 그들은 영광스럽게 구원받고 하나님을 섬기고 있습니다. 물론 당신은 이런 일을 봤을 수도 있습니다. 그러나 그렇다고 주님께서 그들로 하여금 그런 살인을 저지르게 하셨다는 것이 맞는 이야기입니까? 아닙니다. 하나님께서는 살인을 저지르게 하신 분이 아니셨습니다. 대신 내가 장담할 수 있는 것은, 주님께서는 그들이 그런 짓을 하지 못하게 하는 억제수단을 놓고 또한 그들의 길에 장애물을 두려 하셨다는 사실입니다.

1999년 4월 20일 컬럼바인Columbine 고등학교에서 두 명의 십대 소년이 끔찍한 일을 저질렀는데, 하나님께서는 그 일을 제지하려고 하셨습니다. 두 명의 소년은 12명의 동료 학생, 한 명의 교사를 죽이고 또 다른 23명에게 부상을 입힌 다음, 스스로 목숨을 끊었습니다. 두 명의 소년 중 한 명은 그런 일을 저지르기 전 주에 청소년 성경 공부에 참석했습니다. 모임을 인도하던 사역자는 주님으로부터 지식의 말씀을 받고, 성경 공부를 잠시 중단시킨 후 이렇게 말했습니다. "여기에 있는 누군가 자살하려는 생각 아니면 다른 누군가를 죽이려는 생각을 하고 있습니다." 그는 잠시 동안 권유하면서 그 소년에게 반응할 것을 간청했습니다. 하지만 그 소년은 반응하지 않았습니다. 바로 그 다음 주에 이 소년과 다른 소년이 그들 자신을 포함해서 12명의 동료 학생과 한 명의 교사를 죽였습니다. 하나님께서는 그 소년의 인생에 일종의 방해물을 두셨던 것입니다. 하나님께서는 그 소년을 다루시면서, 잘못된 행동의 행로로부터 그를 돌이키려 하셨습니다. 그 소년으로 하여금 사람들을 죽이게 하고, 스스로 목숨을 끊어 지옥에 가게 하신 분은 하나님이 아니셨습니다. 그렇습니다. 하나님께서는 그 소년을 제지하려고 하셨습니다.

사람을 죽인 후에라도 회개하며 믿음으로 주님께 돌이킨 사람들도 있습니다. 주님은 우리의 삶에서 마귀가 저질러 놓은 일마저도 사용하실 수 있지만, 그렇다고 이것이 곧 그분께서 그 일을 일으키셨다는 뜻은 아닙니다.

마찬가지로 사람들을 병들게 하고, 병약하게 하며, 질병에 걸리게 한 장본인은 사탄이었습니다. 하지만 이런 끔찍한 상황에 처할 때 사람들은 하나님께 울부짖으며 온 맘을 다해 그분께 돌이킵니다. 그러면 하나님께서는 그들의 기도에 응답하십니다. 영광스럽게 구원을 받은 후에, 그들은 자신이 전에는 자기중심적인 인간이었다는 사실을 깨달을 수도 있습니다. 이전에 그들은 하나님이나 다른 사람에 대해서는 관심도 없었습니다. 그들은 그들의 병약함을 통해 중요한 교훈을 배우기도 하고, 그래서 그들은 하나님께서 그들에게 그 병을 주셨다고 잘못 믿기 시작합니다. 누군가를 겸손하게 하려고 살인을 저지르게 하지 않으시는 것과 마찬가지로, 하나님께서는 누군가를 겸손하게 하려고 그에게 병을 주지 않으십니다.

병을 대적하라

죄 사함이 그리스도의 속죄의 일부이듯이, 치유도 그리스도의 속죄의 일부입니다. 나는 죄에 대적하듯이, 마찬가지로 병에 대해서도 대적합니다. "하나님, 당신께서 제가 죄를 짓지 않도록 도와주실 수 있다는 건 알지만, 제가 죄를 짓지 않기를 원하시는지는 모르겠습니다. 제가 죄를 짓는다면 그건 하나님의 뜻이겠죠."라고 말하지 않듯이, 나는 마찬가지 이유로 병약함이나 질병을 받아들이지 않았습니다. 아무도 저런 말을 하는 태도를 옹호하지 않을 것입니다. 그러나 현대 기독교는 치유 분야에 대해서만은 그런 태도를 지지하고 있습니다. 그들은 "하나님, 그게 당신의 뜻이라면 고치실 수 있음을 압니다. 우리는 당신이 우리를 고쳐주실 것을 구합니다."라고 말하고는 그 문제를 그냥 방치해 버립니다. 그들이 치유받으면 치유가 하나님의 뜻이었음에 틀림없다는 것이고, 치유를 받지 못하면 치유가 하나님의 뜻이 아니었음에 틀림없다는 것입니다.

이는 "하나님, 당신이 제가 나가서 간음하기를 원치 않으신다면, 저를 막아 주세요."라고 기도하는 사람들만큼이나 잘못된 것입니다. 그리하여 그들은 그 일을 하지 않게 되면 "하나님, 저를 멈추게 해주셔서 감사합니다."라고 말합니다.

그러나 간음을 저지르면, 그들은 "제가 간음을 저지른 게 하나님의 뜻이었음에 틀림없습니다."라고 말합니다. 우리는 간음이 죄이기에 절대 그런 식으로 말하지 않을 것입니다. 하지만 그들은 병을 임의로 선택할 수 있는 것으로 봅니다. 그렇지 않습니다. 죄 사함과 마찬가지로, 치유도 이미 값이 지불되었고 우리는 그것을 받을 수 있습니다. 따라서 우리는 죄를 싫어하듯이 병과 질병을 싫어해야 마땅합니다.

당신이 병과 죄를 허용하는 한, 당신은 계속 그렇게 살아갈 것입니다. 하지만 당신이 "나는 이렇게 살지 않을 거야. 나는 그것을 하지 않겠어. 내가 나가서 이 짓을 한다면 죽어버릴 거야."라고 말하는 순간, 죄가 당신 삶에서 감소하는 것을 보기 시작할 것입니다. 당신은 "나는 병과 병약함과 질병을 더 이상 참지 않겠어. 예수의 이름으로 대적하겠어."라는 태도를 취하는 순간, 당신은 당신의 삶에 치유가 나타나는 것을 보기 시작할 것입니다.

물론, 치유에는 이보다 더 많은 내용이 있습니다. 그 외에도 치유를 지배하는 몇 가지 법칙이 있습니다. 하나님으로부터 치유를 받는 것에 대해 배워야 할 많은 것이 있습니다. 그러나 가장 기초는 이것입니다. 치유는 그리스도의 속죄 안에 포함되어 있습니다.

하나님의 뜻은 분명하다

나는 개인적인 치유와 다른 사람에게 사역하는 분야에서 엄청난 승리를 보고 있습니다. 당신이 더 나은 결과를 얻지 못하고 있다면 내가 나누고 있는 이 진리를 깊이 생각해 보아야 합니다. 예수님께서 우리 죄를 용서하기 위해 죽으신 것과 마찬가지로 그분께서 우리의 몸을 치유하기 위해 우리가 맞아야 할 채찍을 맞으셨다는 이 진리는, 다른 모든 것을 역사하게 하는 바탕이 되는 근본 진리입니다.

내가 연구한 결과, 삶과 사역에서 하나님의 치유 능력이 정기적으로 나타났던 모든 사람들은 예외 없이 위에서 이러한 근본 진리에 부합하는 믿음이 있었습니다. 나는 가끔씩만 치유를 보는 사람에 대해서 말하는 것이 아닙니다. 늙고 눈먼 다람쥐도 가끔은 열매를 만나기도 합니다. 나는 신성한 건강으로 행하며 지속적으로 치유의 기적을 보는 사람들에 대해 말하는 것입니다. 그들은 모두 치유가 주 예수 그리스도의 속죄에 속해 있는 것이라고 믿었던 사람들입니다. 그들은 구원하는 것이 언제나 하나님의 뜻인 것처럼 치유하는 것도 항상 하나님의 뜻이라고 믿습니다.

당신이 그런 태도를 취하지 않는다면. 사탄은 언제나 당신을 수동적으로 만들 수 있을 것입니다. 기억하십시오. 당신은 마귀가 당신에게서 도망치기 전에 먼저 대적해야, 다시 말해 적극적으로 맞서 싸워야 합니다(약 4:7). 치유는 하나님께로부터 오고, 병은 사탄으로부터 온다는 사실을 깨닫고 믿어야 합니다. 당신이 심령에 이 구분을 분명히 한다면, 마귀가 당신이 가는 길에 보내는 모든 병과 병약함과 질병에 대적할 수밖에 없습니다. 당신은 수동적으로 "주님, 당신의 뜻이라면 저를 고쳐주세요."라고 말해서는 안 됩니다. 당신은 치유에 관한 하나님의 말씀의 진리로 심령으로부터 설득된 다음, 마귀에 대항하여 적극적으로 맞서야 합니다.

하나님의 말씀이 하나님의 뜻이며, 이는 매우 분명한 사실입니다.

사랑하는 자여 네 영혼이 잘됨 같이 네가 범사에 잘되고 강건하기를 내가 간구하노라 요삼 1:2

하나님께서는 당신이 건강하기를 원하십니다!

6장

책임 회피
A COP OUT

    치유는 그리스도의 속죄에 속한 일부입니다. 치유는 구원과 별개의 주제가 아닙니다. 신약성경에서 구원을 표현하려고 백 번 이상이나 사용된 헬라어 '소조'는 '치유되다healed', '온전케 되다made whole', '병자를 치유하는 것에 관하여 구원받다saved in reference to healing the sick'로 번역되었습니다. 하나님께서는 예수님의 죽으심과 장사됨과 부활을 통해 성취하신 일을 조각내어서 각기 다른 여러 요소로 분리하려고 하신 적이 없습니다.

    어떤 사람들은 "우리는 죄 사함은 받아들이겠지만, 치유와 형통prosperity과 해방deliverance은 거절하겠습니다."라고 말했습니다. 아닙니다. 사실, 죄 사함과 치유와 번영과 해방

전부가 어떤 것도 뺄 수 없는 일괄 거래입니다. 교회가 치유를 두고 "일어날 수도 있지만, 우리의 구원에 확실히 속한 것이 아니기에 그 여부는 주님께 달려있는" 부가 혜택이라고 표현하는 것은 잘못된 것입니다. 당신을 용서하는 것이 하나님의 뜻이듯이, 당신을 치유하는 것도 하나님의 뜻입니다. 하나님께서는 당신이 죄에 대적하듯이 병과 질병에 대해서도 대적하기를 원하십니다.

타락의 일부

그런데 왜 어떤 사람들은 이처럼 치유에 맞서 싸우고 있는 것일까요? 건강하게 사는 것은 보편적인 갈망입니다. 사람들이 몸을 건강하게 하려고 애쓰는 수고를 생각해 보십시오. 그들은 의사를 방문하고 약물치료하며 수술을 받는 데 이루 말할 수 없는 액수의 돈을 지불합니다. 오늘날 사회에서 약물치료에 들어가는 비용만도 어마어마합니다. 사람들은 온갖 종류의 부작용이 따르는 약을 복용하고 있습니다. 나는 '그런 부작용이 내 몸에 나타나기보다는 차라리 아픈 게 낫겠다.' 라고 생각할 만큼 너무나 많은 끔찍한 부작용을 일으키는 여러 약품을 TV에서 광고하는 것을 보았습니다. 하지만 많은 사람들은 그런 부작용을 견디며 약을 먹습니다. 그들은 머리카락을 빠지게 하는 방사선치료와 화학치료를 받습니다. 그들은 몸을 붓게 하는 약을 복용할 것입니다. 사람들은 말 그대로 살기 위해 몸의 일부를 잘라낼 것입니다. 아무도 병을 좋아하지 않습니다!

건강염려증 환자도 자신의 병을 좋아하지는 않습니다. 그들은 자기를 끌어당겨 강박을 갖게 하는 병을 두려워할지는 몰라도, 그것을 좋아하지는 않습니다. 사람들은 대개 병과 질병을 싫어합니다.

그 이유는 하나님께서 인류를 죽게끔 창조하지 않으셨기 때문입니다. 죽음은 인간이 선택했던 것이지, 하나님께서 선택하신 것은 아니었습니다. 원래 주님은 우리의 몸이 영원히 살도록 정하셨습니다. 나는 몸이 스스로 치유하고 고칠 수 있다는 의학보고서를 읽은 적이 있습니다. 의학 전문가들은 몸이 영원히 살지 못하는 이유를 실제로는 이해할 수 없다고 말합니다. 물론, 세균과 바이러스와 같은 침입자들이 있지만, 우리에게는 그런 것들을 극복할 수 있는 능력이 있습니다. 하나님의 원래 계획은 우리가 절대로 병들지 않는 것이었습니다. 병은 하나님의 계획의 일부가 아니라, 우리가 타락하여 부지불식간에 선택한 것의 일부였습니다.

우리는 우리 각자 안에 건강에 대해 하나님께서 주신 갈망을 지닌 존재로 창조되었습니다. 사람들은 병을 좋아하지 않습니다. 하나님께서도 병을 좋아하지 않으십니다. 그렇다면 어떤 사람들이 하나님께서 우리의 치유자가 되신다는 사실에 맞서 싸우는 이유는 무엇입니까? 당신이 주님께서는 오늘날도 치유하신다고 믿으면, 그들은 당신에게 "너는 마귀에 속한 자다."라고 말할 것입니다. 건강은 보편적인 필요이자 갈망인데, 왜 어떤 사람들은 이런 주장을 하는 것입니까? 모든 사람은 건강을 원합니다. 그런데 왜 우리는 건강에 대해서는 하나님께서 최고보다 덜한 것을 원하신다고 믿는 것입니까?

그런 태도가 노골적으로는 드러나지 않는 경우도 있습니다. 이런 사람들은 당신이 치유를 믿는다고 해서, 당신에게 마귀에 속한 자라고 하지는 않을 것입니다. 그들은 당신이 병자에게 안수하여 회복될 것이라는 믿음에 대해 거부반응을 일으키지는 않을 수도 있습니다(막 16:18). 그러나 그들은 분명 "매번 치유하는 것이 하나님의 뜻은 아니다."라고 말할 것입니다. 그들이 그렇게 생각했던 이유는 무엇입니까? 나는 치유가 속죄의 일부라고 이 책의 앞부분에서 이미 입증하였습니다. 하나님께서는 죄 사함을 공급하셨듯이, 동시에 우리의 몸에 치유도 공급해주셨습니다. 이 사실이 너무도 분명한데도, 사람들이 치유에 맞서 싸우는 이유는 무엇입니까?

공통의 뿌리

사람들이 편견과 선입견에 사로잡혀 치유에 반대되는 가르침을 주는 많은 이유가 있지만, 나는 그 모든 이유가 공통의 뿌리에서 나온 것이라 믿습니다. 그들은 그저 그런 식으로 믿는 것이 편리하기 때문에, 치유가 속죄에 속할 뿐만 아니라 치유하는 것이 언제나 하나님의 뜻이라는 진리에 저항합니다. 잘못된 가르침을 받았던 사람들 중에는 신실한 사람들도 있겠지만, 치유를 반대하는 이런 가르침은 결국 책임 회피입니다. 즉 하나님께서 우리가 건강하기를 원하신다는 사실을 받아들일 경우 우리에게 주어지게 될 책임을 회피한다는 뜻입니다.

주님이 우리에게 치유를 공급하셨는데도 모든 사람이 치유되지는 않는다면 분명히 "우리가 건강하지 않은 이유는 무엇인가?"라는 의문이 제기됩니다. 하나님께서는 우리가 건강하기를 원하시는데, 우리는 건강하지 않다는 것은 우리가 어느 정도의 책임을 받아들여야 한다는 뜻입니다. 나는 이 주제를 나중에 모든 사람이 치유받지는 못하는 이유를 논할 때 다루겠습니다. 하지만 여기에서 깨달아야 할 것은 우리가 어느 정도의 책임을 받아들여야 한다는 점입니다. 우리는 책임과 잘못을 피하려고 종종 "글쎄요, 치유가 하나님의 뜻이 아니었음에 틀림없습니다."라고 간단히 말합니다. 그 말은 맞지 않습니다.

어떤 사람들은 "하나님께서 사람들이 치유되기를 원하셨다면 당신이나 내가 그들을 위해 기도해주든 안 해주든 상관없이 치유되었을 것이다."라고 수장합니다. 그 주장은 맞지 않습니다. 죄 사함을 잘 생각해 보십시오. 하나님의 말씀은 이렇게 말합니다.

> 주의 약속은 어떤 이들이 더디다고 생각하는 것 같이 더딘 것이 아니라 오직 주께서는 너희를 대하여 오래 참으사 아무도 멸망하지 아니하고 다 회개하기에 이르기를 원하시느니라 벧후 3:9

이보다 더 명확한 진술은 없습니다. 하나님의 뜻은 사람들이 구원받는 것입니다. 하지만, 모든 사람이 구원받는 것은 아닙니다. 영원한 생명으로 인도하는 좁은 문보다 멸망으로 인도하는 넓은 문을 택하는 사람이 더 많을 것이라고 예수님께서 친히 예언하셨습니다.

> 좁은 문으로 들어가라 멸망으로 인도하는 문은 크고 그 길이 넓어 그리로 들어가는 자가 많고 생명으로 인도하는 문은

좁고 길이 협착하여 찾는 자가 적음이라 마 7:13-14

구원에 대한 하나님의 뜻은 저절로 이루어지지 않습니다. 하나님께서는 누구도 멸망하지 않고, 모든 사람이 회개와 하나님을 아는 지식에 이르기를 원하십니다. 주님은 누구도 죽어서 지옥으로 가기를 원치 않으시지만, 우리에게 선택권을 주셨습니다. 사람들은 하나님께서 공급하신 것을 거절했기 때문에 지옥에 갑니다. 어떤 이들은 주님께 공개적으로 반역하며, 하나님께서 공급하신 것을 노골적으로 거절합니다. 또 다른 이들은 잘못된 가르침을 받아서, 교회에 출석하거나 도덕적이거나 십일조를 하는 것과 같은 그들 자신의 선행을 신뢰하기 때문에 하나님께서 공급하신 것을 거절합니다(롬 10:2-3). 그들이 속았을지라도, 천국을 놓친 것은 여전히 그들의 선택입니다.

책임을 받아들여라

하나님께서는 누구도 지옥에 가기를 원치 않으시지만, 사람들은 지옥에 갑니다. 하나님께서는 누구도 병들기를 원치 않으시지만, 사람들은 아픕니다. 확실히 어떤 사람들은 주님과 그분의 길에 대해 전적인 반역을 합니다. 그래서 그들은 심은 대로 거둡니다. 다른 사람들은 치유를 갈망하지만, 치유를 받기에는 아직 부족합니다. 왜냐하면 그들은 적절하게 치유를 받는 법을 모르기 때문입니다.

어떤 사람들은 착한 사람이 되고, 교회에 출석하며 유아 세례를 받는 것이 그들의 삶에 구원을 이룰 것이라 생각합니다. 그들은 신실할지는 모르지만, 진실로 틀렸습니다. 사람들이 멸망하는 것이 하나님의 뜻은 아닐지라도, 그들은 멸망하고 있습니다. 사람들이 병에 걸리는 것이 하나님의 뜻은 아닐지라도, 그들은 병들고 있습니다. 그들은 치유를 받는 법을 모릅니다.

우리는 우리가 해야 하는 몫을 이해하고 받아들여야 합니다. 사람들을 지옥으로 보내고, 우리가 병에 걸리게 한 것은 하나님의 과실이 아니라 우리의 과실입니다. 사람들이 치유에 맞서 싸우는 근본 원인은 우리가 그들로 하여금 이 책임을 받아들이게 하지 않았기 때문입니다. 우리는 이 책임을 받아들이고 싶어 하지 않습니다. 그리스도 안에 있는 믿는 자로서 우리는 사랑하는 이가 병과 죽음 아래 고통당하지 않도록 무언가를 할 수 있었다는 진리를 대면하고 싶어 하지 않습니다.

나는 그것이 우리의 직접적인 잘못이라고 말하는 것은 아닙니다. 물론, 어떤 경우에는 그럴 수도 있겠습니다. 그러나 때로 병과 질병은 단순히 한 개인의 죄 때문이 아니라, 이 세상을 타락시켰던 인류의 죄로 인한 것입니다. 세균과 바이러스, 온갖 곰팡이와 전염병 및 인류를 향한 하나님의 원래의 계획에 속한 적이 없던 것들을 초래하였던 것은 바로 그 죄입니다. 세균, 바이러스, 전염병은 죄로 인한 자연의 왜곡인데, 이는 꼭 개인의 죄로 인한 것이 아니라 자연계 전체를 부패시킨 집단적인 죄로 인한 것입니다. 이처럼 우리의 개인적인 잘못으로 병이 초래된 것은 아닐지라도, 언제나 우리에게는 그 왜곡을 극복하고 건강하게 살기 위해 개인적으로 할 수 있는 일이 있습니다.

하나님의 뜻이 아니다

1970년대 초, 나는 텍사스 작은 마을에 있는 교회에서 목회했습니다. 이 교회에 다니던 한 부부에게는 다운증후군으로 태어난 자녀가 있었습니다. 그 아이의 엄마는 아주 작은 여자였는데, 그 부부는 아이가 태어날 때 과테말라에 살고 있었습니다. 그녀는 택시를 타고 병원으로 가는 도중에 사내아이를 낳았는데, 그 결과 아이의 뇌가 손상을 입었습니다.

아이는 다운증후군으로 태어났기에 면역체계에 결함이

있었습니다. 의사는 말하기를, 아이가 감기에 걸리면 그 아이에게 해줄 수 있는 일이 전혀 없기 때문에 죽을 것이라고 했습니다. 그 아이의 부모는 그 아이가 살 것을 기대하지 않았지만, 아이는 살아났습니다. 내가 그 아이의 부모를 만났을 때, 이이의 니이는 4살이었습니다.

어쨌거나 그 아이는 감기에 걸렸습니다. 그래서 나는 아이의 집을 방문하여, 아이가 낫도록 기도해주었습니다. 그 아이를 팔로 보듬고 있는 동안, 아이가 죽었습니다. 우리는 거기에 아이의 부모와 같이 앉아서, 몇 시간 동안 이 아이가 죽은 자들로부터 살아나기를 기도했습니다. 우리는 알고 있는 전부를 다 하였습니다. 마침내 우리는 당국에 연락을 했습니다.

경찰이 나타났습니다. 우리가 감옥에 가지 않은 것이 기적이었습니다. 사실 경찰이 우리를 체포하지 않은 유일한 이유는 그 아이의 부모가 "아이가 병에 걸리거나 감염될 경우 의료진이 할 수 있는 일은 없으므로 집에 있게 하라."라는 내용의 의사소견서를 가지고 있었기 때문입니다. 그래서 경찰은 우리를 체포하지는 않았습니다. 이는 매우 비극적인 상황이었습니다.

아이의 부모는 내게 아이의 장례를 치러달라고 부탁했습니다. 나는 아이의 부모만이 아니라 내 자신도 위로할 무슨 말을 더듬거리며 찾고 있었습니다. 나는 이 상황을 개인적인 것으로 받아들였습니다. 순간적으로 그저 "글쎄요, 우리가 잘못하지 않았을 거예요. 우리가 할 수 있는 한 다 해보았잖아요."라고 말해서 위로해줄 수도 있었을 것입니다. 아이의 부모가 애통해하고 있었고, 나도 그들을 손가락으로 가리키면서 "이것은 당신들 잘못입니다."라고 말하고 싶지 않았습니다. 당신이 흔히 종교계에서 듣는 진부한 말들, 가령 "하나님께서는 신비로운 방식으로 역사하십니다. 그분은 하늘에서 당신의 아들을 원하셨음에 틀림없습니다. 하늘에 계신 하나님께서 그 아이가 필요하셨던 거죠."라는 말로 그들을 위로해줄 수도 있었을 것입니다. 그러나 나는 말씀에 대해 정직해야 했습니다.

그래서 나는 그 아이의 부모에게 이렇게 말했습니다. "저는 이게 하나님의 뜻이었다고 믿지 않습니다. 주님이 당신의 아들을 죽이신 것이 아닙니다. 주님이 이 일이 일어나게 하신 것이 아닙니다. 사탄이 아이의 생명을 앗아간 장본인이었습니다. 마귀가 이 싸움에서는 이겼을지 몰라도 전쟁은 승리하지 못했습니다." 그런 다음 나는, 이 아이가 어떻게 해서 지금 하나님의 임재 가운데 있는지 사무엘하 12:23과 다른 성경 구절을 나누었습니다. 나는 소망만이 아니라 이 아이가 예수님과 함께 있다는 실재도 전했습니다.

"진리가 너희를 자유롭게 하리라"

그 일이 일어난 이유에 대해서 나는 요컨대 "내 잘못이 아니면 당신들 잘못이겠죠. 혹은 나와 당신 모두의 잘못이거나, 이도저도 아니면 우리가 깨닫지 못하는 어떤 다른 이유가 있을 것입니다. 나는 그게 무엇인지 모르지만, 내가 장담할 수 있는 것은 그 잘못이 하나님께 있지는 않다는 사실입니다."라고 말했습니다. 그것은 내가 "글쎄요, 하나님께서는 신비로운 방식으로 역사하십니다. 그분께서 그 일이 일어나도록 허락하셨습니다. 주님께서는 특별한 이유가 있으셔서 이렇게 하셨습니다."라고 말할 때 줄 수 있는 위로를 주지는 못했습니다. 그러나 그런 말이 순간적인 위로는 줄지 몰라도, 성경은 이렇게 말씀합니다.

> 진리를 알지니 진리가 너희를 자유롭게 하리라 요 8:32

하나님의 말씀은 참입니다. 그리고 나는 하나님의 말씀 어디에도 예수님이 사람들을 병들게 하셨다는 대목을 찾을 수가 없었습니다. 나는 아이의 부모에게 이렇게 말해야 했습니다. "나는 무엇이 문제였는지는 모르겠지만, 하나님이 그 문제는 아니십니다. 사탄이 우리를 이겼습니다. 그는 이번 전투battle

에서는 승리했지만, 전쟁war 자체에서 이긴 것은 아닙니다. 당신의 아들은 지금 예수님과 함께 있지만, 그 아이가 병에 걸려 지금 그곳으로 간 것이 하나님의 뜻은 아니었습니다." 내가 아이의 부모에게 진리를 말해주었기 때문에 그들은 기도하였고, 그러자 하나님께서는 그들이 과거에 허락했던 두려움과 의심과 불신의 영역을 그들에게 보여주셨습니다. 이것이 그들의 믿음을 방해하여, 필요한 기적을 받지 못하게 하였던 것입니다. 그들은 진리를 받아들였기 때문에, 회개하고 그 두려움을 극복할 수 있었습니다.

의사는 아이가 다운증후군으로 태어난 이유를 아이 엄마가 너무도 왜소하기 때문이라고 말했습니다. 의사는 아이를 낳으려면 제왕절개를 해야 한다고 말했습니다. 그는 그녀가 다시 임신할 경우 아마도 제왕절개를 해야 할 것이며, 그녀와 아이 모두 목숨을 잃을 수도 있을 것이라 결론을 내렸습니다. 그래서 의사는 그녀에게 다시는 아이를 갖지 말라고 말했습니다.

때는 1970년대 초였습니다. 그 이후로 그녀는 서너 명의 자녀를 더 가졌습니다. 최근에 그녀는 자기의 모든 자녀를 찍은 사진 한 장을 나에게 보냈습니다. 아이들은 고등학교를 졸업하고 대학에 다니고 있었습니다. 그녀는 자녀들을 전부 의사의 도움 없이 집에서 자연분만으로 낳았습니다. 왜냐하면 그녀의 진단서를 보게 되면 그녀가 둘째 아이를 갖도록 허락할 의사가 아무도 없을 것임을 잘 알고 있었기 때문입니다. 그래서 그녀는 하나님만 믿을 수밖에 없었습니다. 그녀는 '하나님, 이렇게 하시는 이유가 무엇입니까?'라고 궁금해 하면서 쓰라린 고통 가운데 자녀 없이 평생을 지내지 않고, 병과 실병과 죽음의 근원이 하나님이 아니시라는 사실을 발견했습니다. 이 귀한 자매는 진리를 붙잡았기 때문에 계속해서 여러 자녀를 가질 수 있었습니다. 진리가 그녀를 자유롭게 하였습니다.

우리는 받는 데 실패한 것이다

나는 사람들이 "확실히 이것은 하나님의 뜻이었음에 틀림없습니다."라고 말하고 싶은 이유를 잘 압니다. 그래야 우리가 문제가 없어 보이기 때문입니다. 그것은 우리에게 실패처럼 보이지 않습니다. 그러나 그것은 쉽게 빠져나갈 길, 즉 책임 회피입니다. 나도 잘 알고 있습니다. 나도 똑같은 짓을 하려는 유혹을 받은 적이 있습니다. 하지만 하나님은 사람들을 병들게 하는 장본인이 아니십니다. 사람들을 치유하는 데 실패한 장본인은 하나님이 아니십니다. 우리가 받는 데 실패한 것입니다.

『당신은 이미 가졌습니다!』믿음의말씀사 라는 나의 책에는 여기에서 설명할 수 있는 것보다 이 개념에 대한 더 자세한 설명이 나와 있습니다. 거기서 나는 하나님께서 우리를 이미 치유하셨음을 입증하는 치유의 예와 가르침을 제시하고 있습니다. 이는 비단 치유 뿐 아니라 그리스도인의 삶에 일반적으로 적용되는 것입니다. 이것은 하나님께서 우리에게 치유를 주시느냐 마느냐의 문제가 아니라, 우리가 손을 뻗어서 믿음으로 치유를 받는 것에 대한 문제입니다.

7 장

바울의 육체의 가시
PAUL'S THORN IN THE FLESH

　내가 육체의 치유에 대해 사역할 때마다 사람들은 꼭 '바울의 육체의 가시'를 거론합니다. 그들은 이렇게 말합니다. "하나님께서는 바울에게 육체의 가시를 주셨습니다. 그분께서 바울을 병들게 하신 거죠. 바울은 주님이 치유하실 것을 믿으려 했지만, 치유를 받지 못했어요. 바울이 그렇게나 위대한 하나님의 사람이었는데도, 주님께서 치유하지 않으셨다면, 우리가 누구기에 하나님께서 우리를 치유하실 것이라 생각하는 거죠?" 그러나 이는 성경에 대한 잘못된 해석에 기초한 잘못된 개념입니다.

　성경은 바울의 육체의 가시가 병이었다고 말씀하지 않습니다. 당신은 바울의 육체의 가시가 병이라고 주장하는 사람들의 말에 귀를 기울일 수도 있지만, 그것은 하나님의 말씀이 진정으로 말하는 바가 아닙니다.

여러 계시를 받은 것이 지극히 크므로 너무 자만하지 않게 하시려고 내 육체에 가시 곧 사탄의 사자를 주셨으니 이는 나를 쳐서 너무 자만하지 않게 하려 하심이라 이것이 내게서 떠나가게 하기 위하여 내가 세 번 주께 간구하였더니 나에게 이르시기를 내 은혜가 네게 족하도다 이는 내 능력이 약한 데서 온전하여짐이라 하신지라 그러므로 도리어 크게 기뻐함으로 나의 여러 약한 것들에 대하여 자랑하리니 이는 그리스도의 능력이 내게 머물게 하려 함이라 그러므로 내가 그리스도를 위하여 약한 것들과 능욕과 궁핍과 박해와 곤고를 기뻐하노니 이는 내가 약한 그 때에 강함이라 고후 12:7-10

고린도후서 12:7에서 바울은 육체의 가시가 하나님이 보내신 사자가 아니라 사탄이 보낸 사자라고 밝혔습니다. 여기에서 "사자messenger"라고 번역된 헬라어는 신약성경 다른 곳에서는 "천사angel"라고 표현되기도 합니다[7] (예를 들면,

---

7) Thayer and Smith, "Greek Lexicon entry for Aggelos". http://www.biblestudytools.com/lexicons/greek/kjv/aggelos.html에서 이용가능. S.V. "messenger," 2Corinthians 12:7.(저자 주)

눅 1:13, 고후 11:14, 갈 4:14). 따라서 이 '사자'는 바울을 괴롭히도록 마귀가 보낸 마귀의 사자요, 어둠의 천사였습니다.

마귀로부터 온 것

어떤 사람들은 바울이 분수에 넘치지 않게 하려고 하나님께서 그에게 육체의 가시를 주셨다고 잘못 추측합니다. 그들은 위의 구절이 바울을 겸손하게 하려고 하나님께서 육체의 가시를 보내셨음을 말한다고 거의 자동적으로 생각합니다. 그러나 그것은 사실이 아닙니다.

겸손이 중요하긴 하지만, 구약과 신약에서는 하나님께서 높여 주시는 높임도 있음을 언급하고 있습니다. 한 예로 베드로전서 5:6을 들 수 있습니다.

> 그러므로 하나님의 능하신 손 아래에서 겸손하라 때가 되면 너희를 높이시리라 벧전 5:6

하나님께서 높이셔서, 높아지고 올려지는 것은 좋은 것입니다. 하지만 어떤 사람들은 바울이 고린도후서 12:7에서 교만pride에 대해 말했다고 추측합니다. 그들은 이렇게 주장합니다. "바울에게는 진정으로 교만과 오만의 문제가 있었다. 그래서 하나님께서는 그를 깨뜨려서 겸손케 하시려고 육체의 가시를 주셨다." 그러나 그것은 하나님의 원리가 아닙니다. 우리는 성경에서 스스로 겸손케 하라는 말씀을 보았을 뿐입니다. 하나님께서 당신을 겸손케 하신다면, 그것은 겸손이 아니라 굴종입니다. 겸손은 당신이 다른 사람에게 강요할 수 있는 것이 아닙니다. 겸손은 안에서부터 나와야 합니다.

고린도후서 12:7은 바울이 가는 곳마다 영광을 받았다고 말씀하고 있습니다. 바울은 사람들이 죽은 자들로부터 일어나고(행 20:9-12), 귀신이 쫓겨나며(행 16:16-18), 다른 많은 기적이 일어나는 것(행 19:11-12)을 보았습니다. 바울이 사역했던 어떤 도성 사람들은 "천하를 어지럽게 하던 사람들이 여기도 이르렀다!"(행 17:6)라고 소리쳤습니다. 바울은 삶과 사역을 통해서 아주 많은 능력과 기름 부음을 흘려보냈기 때문에 많은 사람들을 주님에게로 이끌었습니다. 그들은 "나는 바울처럼 되고 싶어. 나에게도 역경을 이길 수 있는 능력이 있기를 원해. 설령 복음을 전하다가 감옥에 가더라도, 나도 바울처럼 지진이 일어나 풀려나고 싶어!"(행 16:25-33)라고 말했던 것입니다.

바울은 나쁜 일이 일어날 때마다, 그것이 선으로 바뀌는 것을 보았습니다. 사람들은 이 사실을 알아차리고는, "나도 삶에서 그런 종류의 능력을 원한다!"라고 말했습니다. 사탄은 바울이 절대적인 승리와 하나님의 높이심 가운데 행하고 있었기 때문에 많은 사람들을 주님께 이끌고 있다는 사실을 알아보았습니다. 마귀는 바울의 가치를 떨어뜨려서 그가 높아지지 않도록 무언가 하고 싶었습니다. 바로 고린도후서 12:7이 말하고 있는 바입니다. 바울이 한량없이 높아지지 않도록 사탄이 바울에게 육체의 가시를 주었던 것입니다. 육체의 가시는 하나님께서 주신 것이 아니라 사탄이 준 것입니다.

나는 병든 사람들이 "저는 사도 바울과 같아요. 하나님께서 제게 육체의 가시를 주셔서, 제 안에 그 가시가 있는 것 같아요."라고 말하는 것을 들었습니다. 기억하십시오. 이 가시가 온 것은 계시가 풍성했기 때문입니다. 바울은 그 계시로 신약성경 절반을 썼습니다. 그러므로 오늘날 바울 정도로 풍성한 계시가 없는 사람들은 바울의 육체의 가시를 변명의 구실로 삼아서는 안 됩니다. 뿐만 아니라, 이 가시는 하나님께서 보내신 것이 아니라 사탄이 보낸 것입니다.

내가 마약중독자, 창녀, 간음한 자들에게 하나님께서 주신 해방을 받는 것에 대해 말하려 하자, 그들 중 많은 이들이 내게 이렇게 말했습니다. "사도 바울처럼, 저도 육체의 가시를 가진 거에요." 그들은 하나님과 관계를 맺은 적도 없으면서 자기가 바울의 육체의 가시를 가지고 있다고 주장했던 것입니다. 당신이 지금까지는 육체의 가시를 변명의 구실로 사용해왔더라도, 신약성경의 반을 쓸 수 있을 만큼 많은 계시가 있는 것이 아니라면 더 이상 그런 변명 뒤로 숨는 일은 그만두어야 합니다.

바울의 육체의 가시는 병이 아니었습니다. 그것은 사탄이 바울을 때려눕히려고 보낸 마귀의 사자였습니다.

약함인가 아니면 부적합함인가

어떤 사람들이 바울의 가시가 병이라고 생각했던 또 하나의 이유는 "약한 것들infirmities"이라는 용어가 다음 구절 안에서 두 번이나 사용된다는 점 때문입니다. 고린도후서 12:9-10은 이렇게 말씀합니다.

나에게 이르시기를 내 은혜가 네게 족하도다 이는 내 능력이 약한 데weakness서 온전하여짐이라 하신지라 그러므로 도리어 크게 기뻐함으로 나의 여러 약한 것들infirmities에 대하여 자랑하리니 이는 그리스도의 능력이 내게 머물게 하려 함이라 그러므로 내가 그리스도를 위하여 약한 것들 infirmities과 능욕과 궁핍과 박해와 곤고를 기뻐하노니 이는 내가 약한weak 그 때에 강함이라 오늘날에는 '약함infirmity'이라는 용어를 어떤 종류의 병을 일컫는 데 상당히 널리 사용합니다. 사람들은 "이 사람은 병infirmity이 들었어요."라고 말합니다. 심지어 우리가 병든 사람을 보내는 장소를 "진료소infirmary"라고도 부릅니다. 이처럼 오늘날에는 '약함'이라는 단어가 주로 병과 관련된 의미만으로 쓰이고 있지만, 킹제임스 성경이 나오던 당시에는 병에만 한정되지 않았습니다. 로마서 8장을 예로 들어봅시다.

> 이와 같이 성령도 우리의 연약함을 도우시나니 우리는 마땅히 기도할 바를 알지 못하나 오직 성령이 말할 수 없는 탄식으로 우리를 위하여 친히 간구하시느니라 롬 8:26

"연약함infirmities"과 "마땅히ought"라는 두 단어 뒤에 나온 쌍점에 유의하십시오.[8] 로마서 8:26은 우리가 마땅히 무엇을 기도할지 알지 못하는 것이 바로 연약함이라고 말씀하고 있습니다. 당신이 영어사전을 찾아보았다면, 연약함이라는

---

8) 위 구절의 영어킹제임스 번역은 "Likewise the Spirit also helpeth our infirmities: for we know not what we should pray for as we ought: but the Spirit itself maketh intercession for us with"이며, '연약함'과 '마땅히'에 해당하는 "infirmities"와 "ought" 뒤에 쌍점표기(:)가 표기되어 있다.(편집자 주)

단어가 병만이 아니라 약함weakness이나 부족함inadequacy도 의미할 수 있다는 사실을 발견했을 것입니다. 이것이 바로 로마서 8:26에서 연약함이라는 단어가 사용된 방식입니다. 어떤 것을 놓고 어떻게 기도할지 알지 못하는 것은, 질병이나 병이 아니라, 약함이요 부족함이며 연약함입니다.

병이 아니다

어떤 사람들은 고린도후서 12:9에서 바울이 "나의 여러 약한 것들에 대하여 자랑하리니"라고 말한 것이 병을 언급하는 것이라 추측합니다. 하지만 문맥을 살펴보면, 바울이 말하고 있던 것이 병이 아니었다는 사실을 알게 될 것입니다. 우리는 성경이 후세 사람들에 의해 인용의 목적으로 장절로 나뉘었음을 반드시 기억해야 합니다. 그것이 잘못된 일은 아니지만, 우리는 고린도후서라고 부르는 서신서 전체가 하나로 된 편지라는 사실을 기억해야 합니다. 이것은 본래 장과 절로 나뉘어있지 않았습니다. 우리가 고린도후서 11장이라 부르는 것에서도 바울은 그의 약함에 대해 말했습니다. 그는 이렇게 말했습니다.

내가 부득불 자랑할진대 내가 약한 것infirmities을 자랑하리라 고후 11:30

바울은 고린도후서 11:23에서부터 자신이 "약한 것들"이라고 부르는 것을 정의하고 설명하며 열거했습니다.

그들이 그리스도의 일꾼이냐 정신 없는 말을 하거니와 나는 더욱 그러하도다 내가 수고를 넘치도록 하고 고후 11:23

23절부터 나열되는 약한 것들의 목록을 볼 때, 이 모든 것들이 뒤에서 바울이 "내가 약한 것을 자랑하리라"(고후 11:30, 12:9)라고 말하면서 요약하는 것들임을 기억하십시오. 그는 "수고를 넘치게"(격무) 하는 것을 약한 것이라고 일컬었습니다. 이것이 그의 삶에서 연약함과 스트레스와 문제를 일으켰기 때문입니다.

옥에 갇히기도 더 많이 하고 매도 수없이 맞고 여러 번 죽을 뻔하였으니 유대인들에게 사십에서 하나 감한 매를 다섯 번 맞았으며 고후 11:23-24

바울은 사십에서 하나 감한 매를 다섯 번이나 맞았습니다.

세 번 태장으로 맞고 고후 11:25

바울은 쇠몽둥이와 비슷한 것으로 세 번이나 잔인하게 얻어맞았습니다. 이것은 종종 발에 가해져서, 뼈가 부러지기도 했습니다.

한 번 돌로 맞고 고후 11:25

돌로 맞은 이 사건은 사도행전 14:19에 나와 있습니다. 나는 개인적으로 바울이 돌에 맞은 그 순간 죽었었다고 믿습니다.

…세 번 파선하고 일 주야를 깊은 바다에서 지냈으며 여러 번 여행하면서 강의 위험과 강도의 위험과 동족의 위험과 이방인의 위험과 시내의 위험과 광야의 위험과 바다의 위험과 거짓 형제 중의 위험을 당하고 또 수고하며 애쓰고 여러 번 자지 못하고 주리며 목마르고 여러 번 굶고 춥고 헐벗었노라 이 외의 일은 고사하고 아직도 날마다 내 속에 눌리는 일이 있으니 곧 모든 교회를 위하여 염려하는 것이라 누가 약하면 내가 약하지 아니하며 누가 실족하게 되면 내가 애타지 아니하더냐 내가 부득불 자랑할진대 내가 약한 것을 자랑하리라
고후 11:25-30

박해와 고초

고린도후서 11:23 이하로 열거된 모든 것들은 바울이 그리스도를 위하여 참아낸 박해와 고초를 말하는 것이었습니다. 그런 다음 몇 구절 뒤에 바울은 이렇게 선언했습니다.

> 그러므로 도리어 크게 기뻐함으로 나의 여러 약한 것들에 대하여 자랑하리니 고후 12:9

고린도후서 12:9에 나온 "약한 것들"은, 문맥상 바울이 복음을 위해 당한 모든 고초를 말하고 있습니다. 바울이 '연약함(약한 것들)'이라는 단어를 결코 병과 관련지어 말하지 않았는데도 이를 문맥과 상관없이 취해서 병을 일컫는다고 추측하는 것은 잘못된 것입니다. 기억하십시오. 로마서 8:26에서는 "연약함"이라는 똑같은 단어를 가지고 어떻게 기도해야 하는지에 대한 지식이나 명철이 없는 상태를 가리키는 데 사용했습니다.

이처럼 바울의 육체의 가시가 사탄이 보낸 사자였다는 사실을 보았는데도(고후 12:7), 많은 사람들은 이 "연약함"이라는 용어 때문에 그것이 병이라고 성급한 결론을 내립니다. 하지만 문맥에서 볼 때, 바울은 복음으로 인해 겪었던 박해와 고초를 묘사하기 위해서 여러 다른 방식으로 이 "연약함"이라는 단어를 사용했습니다. 고린도후서 12:10은 다음과 같이 말함으로써 이 점을 아주 분명히 밝힙니다.

> 그러므로 내가 그리스도를 위하여 약한 것들과 능욕과 궁핍과 박해와 곤고를 기뻐하노니 이는 내가 약한 그 때에 강함이라 고후 12:10

어떤 사람들은 고린도후서 12:10의 "약한 것들"이라는 단어가 육체의 병을 뜻한다고 추측하지만, 같은 구절에 열거된 나머지 네 가지와 고린도후서 11:23-33의 문맥은 그렇게 계시하지 않습니다. 고린도후서 12:10에 열거된 나머지 네 가지는 능욕과 궁핍과 박해와 곤고입니다. 네 가지 모두 육체의 병을 말하고 있지 않다는 것은 너무도 자명합니다. 오히려 바울이 겪어야 했던 박해와 고초에 대해 말하고 있습니다.

"능욕"이란 모욕, 명예훼손, 손해, 손상을 말합니다. "궁핍"은 복음 때문에 특정한 것들 없이 지내는 것을 가리킵니다. "박해"와 "곤고"는 설명하지 않아도 쉽게 이해하실 것입니다. 네 가지 모두는 이 성경 구절(고후 11:23-12:10)의 문맥과 일치합니다. 바울이 육체의 병을 뜻하기 위해 '연약함'이라는 단어를 사용했다면, 이 구절에서 열거된 나머지 다른 것들과는 맞지 않았을 것입니다. 바울은 그가 주님을 위해 겪었던 고초를 가리키기 위해 "연약함"이라는 용어를 사용했던 것입니다.

구약에 나온 비유적 표현

더욱이 이 서신을 받았던 고린도교회 가운데 유대인 배경을 가지고 있던 사람들은 구약성경의 초기 작품을 통해 "육체의 가시"라는 어구를 잘 알고 있었을 것입니다.

너희가 만일 그 땅의 원주민을 너희 앞에서 몰아내지 아니하면 너희가 남겨둔 자들이 너희의 눈에 가시와 옆구리에 찌르는 것이 되어 너희가 거주하는 땅에서 너희를 괴롭게 할 것이요 민 33:55

모세는 이스라엘 자손들에게 그들이 거할 땅에서 이전부터 있던 원주민을 몰아내지 않는다면, 이들이 그들을 박해하고 부패시킬 것이라고 말했습니다. 이스라엘 자손들이 원주민들을 그대로 살게 한다면, 이스라엘 자손들은 그들로 인해 오염되고 타락하게 될 것이었습니다.

확실히 알라 너희의 하나님 여호와께서 이 민족들을 너희 목전에서 다시는 쫓아내지 아니하시리니 그들이 너희에게 올무가 되며 덫이 되며 너희의 옆구리에 채찍이 되며 너희의 눈에 가시가 되어서 너희가 마침내 너희의 하나님 여호와께서 너희에게 주신 이 아름다운 땅에서 멸하리라 수 23:13

이스라엘 자손들은 하나님께 순종하지 않았습니다. 그래서 하나님께서는 "좋다, 모세가 민수기 33:55에서 한 예언이 이루어지게 하겠다."라고 말씀하셨습니다. 다시 한 번 더 말씀드리지만, 민수기 33:55은 사람들을 두고 채찍이나 눈의 가시라고 언급합니다.

그러므로 내가 또 말하기를 내가 그들을 너희 앞에서 쫓아내지 아니하리니 그들이 너희 옆구리에 가시가 될 것이며 그들의 신들이 너희에게 올무가 되리라 하였노라 삿 2:3

바울이 "육체의 가시"라는 용어를 사용했을 때, 이 서신을 읽은 당시 독자들은 즉시로 구약성경 민수기 33:55, 여호수아 23:13, 사사기 2:3에 나오는 비유적인 표현들을 떠올렸습니다. 위의 구약성경 구절 각각에서 말하는 가시는 전부 하나님의 백성에 대적하는 사람들을 가리킨 것이었습니다. 이는 바울의 육체의 가시가 바울이 가는 곳마다 박해를 일으키도록 사탄이 보낸 사자, 곧 마귀적인 인격체a demonic personality요, 어둠의 천사였다는 또 하나의 성경적 증거입니다. 바울이 고린도교인들에게 보낸 서신에서 이 육체의 가시를 언급한 것은 본질적으로 이렇게 말한 것입니다. "사도인 우리는 다른 사람들보다 더 큰 고난을 겪습니다. 우리가 사역하는 사람들은 존중받고 축복을 받지만, 우리는 멸시를 받고 이 땅의 악으로 여겨집니다…"

내가 생각하건대 하나님이 사도인 우리를 죽이기로 작정된 자 같이 끄트머리에 두셨으매 우리는 세계 곧 천사와 사람에게 구경거리가 되었노라 우리는 그리스도 때문에 어리석으나 너희는 그리스도 안에서 지혜롭고 우리는 약하나 너희는 강하고 너희는 존귀하나 우리는 비천하여 바로 이 시각까지 우리가 주리고 목마르며 헐벗고 매 맞으며 정처가 없고 또 수고하여 친히 손으로 일을 하며 모욕을 당한즉 축복하고 박해를 받은즉 참고 비방을 받은즉 권면하니 우리가 지금까지 세상의 더러운 것과 만물의 찌꺼기 같이 되었도다 고전 4:9-13

다시 말해, 바울은 그가 참고 견뎌냈던 고초와 박해에 대해 말하고 있었던 것입니다. 말씀을 보면, 이 악마 같은 사자가 바울이 가는 곳마다 사람들에게 영향을 미쳐 바울을 박해하게끔 노력한 것이 분명합니다. 바울은 승리 가운데 행하였지만, 다른 사람들보다 더 많은 박해와 파선과 구타와 투옥과 거절과 비난 또한 참고 견뎌냈습니다. 사탄은 바울에 맞서고자 이 반대세력을 이용하였습니다. 바울의 삶에는 하나님의 능력이 나타났지만, 그를 위해 치를 값이 없었던 것은 아니었습니다. 그리하여 사람들은 복음 앞에서 망설이게 되었습니다. 마귀는 사람들이 바울의 메시지로부터 등을 돌리게 하려고 그렇게 했던 것입니다. 사람들은 '바울이 말하는 것은 맞는데, 나는 그의 메시지대로 살기 위해 그처럼 고난을 받고 싶지는 않아.' 라고 마음속으로 이유를 댔을지도 모릅니다.

"내 은혜가 족하도다"

그러므로 바울은 이 육체의 가시, 곧 사람들을 통해 박해를 조장하는 이 악마 같은 천사demonic angel를 제거해달라고 세 번이나 주님께 구하였습니다. 우리가 구약성경에서 보았듯이, 사람들을 통한 박해, 바로 이것이 육체의 가시의 정체입니다. 바울은 그 가시를 제거해달라고 예수님께 세 번이나 구하였습니다. 그러자 주님께서는 다음과 같이 응답하셨습니다.

> …내 은혜가 네게 족하도다 이는 내 능력이 약한 데서 온전하여짐이라 하신지라… 고후 12:9

그리스도의 속죄를 통해서 우리는 질병으로부터 속량을 받았지만, 박해로부터는 속량되지 않았습니다. 바울은 생애 후반에 디모데에게 보낸 서신에서 이 진리를 스스로 인정했습니다.

> 무릇 그리스도 예수 안에서 경건하게 살고자 하는 자는 박해를 받으리라 딤후 3:12

아마도 바울이 육체의 가시를 제거해달라고 하나님께 구할 당시만 해도 그는 아직 이 진리를 깨닫지 못했던 것 같습니다. 그는 주님께서 자신을 위해 가지고 계신 모든 것을 받으려고 할 수 있는 한 열심을 다해 달려가고 있었습니다(빌 3:14). 그는 심지어 박해로부터 벗어날 뿐만 아니라 그 박해를 멈추게 하려고 애쓰는 중이었습니다. 그러다 마침내, 주님께서 그에게 말씀하셨습니다. "바울아, 너는 박해로부터는 속량되지 않았다. 그러나 나는 너에게 박해를 다룰 수 있는 나의 은혜를 줄 것이다."

생각해 보십시오. 만약 하나님께서 우리를 박해로부터 속량하셨고 모든 박해를 멈추게 하셨다면, 사도 바울과 같은 인물이 결코 나타나지 않았을 것입니다. 바울 자신이 바로 박해하던 사람이었습니다. 바울은 스데반을 돌로 쳐 죽이는 일에 참여하였습니다(행 7장). 하나님께서 모든 박해자를 제거하셨더라면, 사도 바울과 같은 사람은 있지도 않았을 것입니다. 하나님께서는 우리를 박해히는 모든 사람을 멈추게 하지 않으십니다. 오히려 우리가 계속해서 그들을 사랑하고, 용서하며, 다른 뺨을 돌려대고, 예수님을 따르는 것을 통하여 하나님께서는 그들에게 그분 자신을 계시하십니다. 그들이 위협을 가할지라도 우리가 계속해서 하나님을 사랑할 때 그것이 강력한 증거가 되며, 하나님께서는 그 증거를 사용하십니다. 우리는 박해로부터는 속량 받지 않았습니다. 그러나 질병으로부터는 속량 받았습니다.

8장

눈 문제인가?
EYE PROBLEM?

　어떤 사람들은 바울도 하나님께서 치유하기를 거부하신 병을 가지고 있었으므로, 오늘날 우리도 모든 병에서 치유받는 것을 기대할 수는 없다고 가르칩니다. 그 말은 맞지 않습니다. 이는 하나님의 말씀 전체와 일치하지 않는 해석입니다. 우리가 지난 7장에서 이미 보았듯이 바울의 육체의 가시는 병이 아니라, 박해를 조장하려고 사탄이 보낸 악마 같은 사자였습니다.

　바울의 육체의 가시가 병이라고 가르치는 사람들은 갈라디아서 4장을 잘못 해석합니다. 그런 사람들 가운데 몇몇은 바울이 눈에서 진물이 흐르고 부어오르게 하는 고대 아람족의 눈병을 앓고 있었고, 끊임없이 눈에 문제가 있었다는 이론을 만들어 냅니다. 그들은 다음의 구절을 통해 이 이론의 정당성을 입증하려고 합니다.

> 형제들아 내가 너희와 같이 되었은즉 너희도 나와 같이 되기를 구하노라 너희가 내게 해롭게 하지 아니하였느니라 내가 처음에 육체의 약함으로 말미암아 너희에게 복음을 전한 것을 너희가 아는 바라 너희를 시험하는 것이 내 육체에 있으되 이것을 너희가 업신여기지도 아니하며 버리지도 아니하고 오직 나를 하나님의 천사와 같이 또는 그리스도 예수와 같이 영접하였도다 너희의 복이 지금 어디 있느냐 내가 너희에게 증언하노니 너희가 할 수만 있었더라면 너희의 눈이라도 빼어 나에게 주었으리라 갈 4:12-15

"육체의 약함"

갈라디아서 4:13에 나온 "육체의 약함"이라는 용어에 주목하십시오. 이것은 그냥 "약함"이 아니라, "육체의 약함"이었습니다. 바울은 알지 못하는 것(가령 로마서 8:26에서 말하는 어떻게 기도해야 할지를 알지 못하는 것)이나 그가 참고 견뎌 냈던 고초(예를 들어 고린도후서 11:25-26에 언급된 파선과 위험)에 대해 말하고 있는 것이 아니었습니다. 이것은 문자 그대로 어떤 종류의 육체의 문제에 대해 말하고 있는 것입니다. 바울은 "육체의 약함"이라는 용어를 사용함으로써 그 용어의 범위를 한정시킵니다. 바울은 갈라디아서 4:14에서 이와 똑같은 용어를 다시 사용했습니다.

어떤 사람들은 이 점을 보고 "바울은 바로 여기에서 그에게 병약함이 있었다고 말한 것입니다!"라고 주장합니다. 그렇습니다. 바울은 여기에서 육체의 문제를 언급했습니다. 그러나 바울이 갈라디아서 4:13에서 한 말에 주목하십시오.

내가 처음에 육체의 약함으로 말미암아 너희에게 복음을 전한 것을 너희가 아는 바라 갈 4:13

"처음에(는)at the first"라는 말은 하나님께서 치유하지 않으신 것이 오랜 기간이 아니었음을 암시합니다. 그것은 일시적인 것이었습니다. 바울은 계속해서 이렇게 말했습니다.

너희의 복이 지금 어디 있느냐 내가 너희에게 증언하노니 너희가 할 수만 있었더라면 너희의 눈이라도 **빼어** 나에게 주었으리라 갈 4:15

어떤 사람들은 "보십시오. 지금 바울은 눈 문제에 대해 말하고 있습니다. 그것이 바로 그의 육체의 약함입니다."라고 말합니다. 그리하여 그들은 이 육체의 약함이 바울이 평생 앓았던 진물이 흐르고 부어오른 눈병이었다는 이론을 만들어 냅니다. 그러나 당신이 그린 이론을 받아들인다면, 당신은 성경을 당신이 원하는 대로 아무렇게나 해석할 수 있습니다. 육체의 약함이 바울의 평생 동안 지속된 눈병이었다는 이론은 근거가 빈약한 해석입니다!

죽어서 버려진

훨씬 더 정확한 해석을 고려해봅시다. 이를 위해 사도행전 14장을 살펴보겠습니다. 바울은 루스드라와 더베에서 말씀을 전하고 있었습니다. 거기에 있던 사람들은 잠시 바울이 신이라고 생각했습니다.

> 무리가 바울이 한 일을 보고 루가오니아 방언으로 소리 질러 이르되 신들이 사람의 형상으로 우리 가운데 내려오셨다 하여 바나바는 제우스라 하고 바울은 그 중에 말하는 자이므로 헤르메스라 하더라 행 14:11-12

바울과 바나바는 사람들이 자기들에게 제사를 드리며 숭배하는 짓을 하지 못하게 하였습니다. 하지만 바로 다음 날, 어제는 그를 신이라 여기던 그 사람들이 바울과 바나바에게 분노했습니다.

> 유대인들이 안디옥과 이고니온에서 와서 무리를 충동하니 그들이 돌로 바울을 쳐서 죽은 줄로 알고 시외로 끌어 내치니라 제자들이 둘러섰을 때에 바울이 일어나 그 성에 들어갔다가 이튿날 바나바와 함께 더베로 가서 행 14:19-20

이것은 바울이 돌에 맞아서 죽은 자로 버려진 경우였습니다. 바울은 이 사건을 고린도후서 11장에서 언급합니다.

> 한 번 돌로 맞고 고후 11:25

개인적으로 생각하기에 나는 바울이 죽었다고 믿습니다. 그리고 죽지는 않았다 해도, 그를 죽이려고 했던 사람들이 "죽은 줄로"(행 14:19) 알 정도로 거의 죽은 상태였습니다. 바울이 죽었든지 아니면 거의 죽었든지 간에, 말씀은 제자들이 그의 주위로 빙 둘러서자 그가 일어나서 도성 안으로 들어갔다고 말합니다. 다음 날 바울은 바나바와 함께 약 32-81km(정확한 거리에 대해서는 여러 가지 주장이 있지만9)) 떨어져 있는 더베로 떠났습니다. 바울은 다음 마을로 걸어서(또는 말을 타고) 가서, 다음 날 거기에서 사람들에게 말씀을 전했습니다(행 14:20-21). 이고니온이니, 루스드라니, 더베니 하는 도시들이 어디에 있었는지 당신은 추측할 수 있습니까? 그 도시들은 전부 갈라디아 지역에 속한 곳들이었습니다. 이곳 사람들이 바로 바울이 갈라디아서 4장에서 "처음에 너희는 내 육체의 이 약한 것 때문에 나를 가엾게 여겼다. 너희는 나를 위해서 너희 자신의 눈이라도 빼어주었을 것이다."(갈 4:15)라고 편지를 써 보냈던 사람들이었습니다.

바울에게는 어떤 종류의 고대의 눈병이 있었다는 근거 없는 이론을 지어내기보다는, 갈라디아서 4장이 언급하고 있는 시기가 바울이 돌에 맞아 죽어서 버려진 후 살아나, 바로 다음 날 약 32km가 넘는 도시로 가서 사람들에게 말씀을 전하기 시작했던 때와 정확히 같은 시기임을 인정하는 것이야말로, 훨씬 더 정직한 성경해석입니다. 바울이 죽도록 돌에 맞은 때로부터 다음 도시에서 말씀을 전하기까지 걸린 시간이 24시간이 채 되지 않기 때문에, 전날에 바울의 머리를 수차례

---

9) 『오늘의 삶:성경 및 주석 연구-사도행전 편』의 행 14:20에 대한 각주 3과 행 14:6에 대한 각주 5를 보십시오.(저자 주)

강타했던 돌로 인해 그의 눈이 상처를 입고 있었을 것이라고는 생각할 수 없을까요?

하나님의 기적적인 치유의 능력이 바울의 몸에 역사한 것은 분명하지만, 바울이 완전히 회복되기까지는 아마도 어느 정도의 시간이 걸렸을 것입니다. 바울은 이 "육체의 약함"이 그를 괴롭게 했던 것은 단지 "처음에"만이었다고 말했습니다(갈 4:13). 성경 구절끼리 비교하여, 바울에게 눈의 문제가 있었다면 전날 도시 사람들에게 돌을 맞았기 때문이라고 보는 것이 훨씬 더 정확합니다. 시간이 걸려서 치유되었던 경우는 바울의 몸에서 일시적인 것이었습니다. 바울은 회복되었습니다.

낙타 삼키기

바울이 "너희의 눈이라도 빼어 나에게 주었으리라."라고 말했을 때 비유를 사용했을 가능성도 있습니다. 우리는 "간이라도 빼서 줄 수 있다."라는 표현을 씁니다. 그럼 그 말이 당신이나 내가 간이 나쁘기 때문에 대신 빼 준다는 뜻입니까? 아닙니다. 이 표현은 상대가 나를 위해 어떤 것도 희생하려 했다는 점을 말하려고 사용하는 비유일 뿐입니다. 그러므로 "너희의 눈이라도 빼어 나에게 주었으리라"라고 바울이 말한 것은 그의 눈에 문제가 있었다는 것과는 전혀 상관이 없는 말일지도 모릅니다. 또한 바울이 전날 돌에 맞은 것으로 인해 눈에 손상을 입었다는 사실을 말하는 것이라 해도, 그 손상은 일시적이었을 뿐입니다. 바울은 갈라디아서 4:13에 나온 "처음에(는)"라는 말로 그 점을 분명히 밝혔습니다.

바울의 육체의 가시가 눈병이었다고 주장하는 사람들은 갈라디아서 6장을 거론합니다.

> 내 손으로 너희에게 이렇게 큰 글자로 쓴 것을 보라 갈 6:11

나는 실제로 어떤 사람들이 이 구절을 근거로 바울이 시력에 문제가 있어서 거의 장님 수준이 되었기 때문에 그가 쓴 글씨 크기가 약 8-10cm정도 되었을 것이라 주장하는 소리를 들은 적이 있습니다. 바울이 읽을 수 있게 하기 위해서는 엄청나게 큰 글씨로 써야 했다는 것입니다. 만약 그것이 사실이고, 바울이 크게 적은 글씨를 말하고 있는 것이라면, 갈라디아서가 얼마나 커야 했는지 상상하실 수 있습니까? 아무도 그것을 운반할 수 없었을 것입니다! 바울은 한 쪽당 하나 내지 두 단어만 썼을 것입니다. 갈라디아서에 얼마나 많은 단어가 있는지 한번 세어보십시오. 여기에서 바울이 말하는 바는 그런 것이 아닙니다.

헬라어에는 크기나 분량을 가리키는 여러 단어들이 있습니다. 갈라디아서 6:11에서 "큰large"이라고 번역된 단어는 분량을 가리키는 단어입니다.[10] 바울은 각 단어의 글자가 얼마나 큰지를 말하는 것이 아니었습니다. 그는 "내가 너희에게 써서 보낸 이 편지, 즉 서신서 중에서 이번 편은 아주 길다."라고 말하고 있었던 것입니다. 내 성경책을 보면, 바울의 갈라디아서는 네 페이지 정도로 작게 인쇄되어 있습니다. 그러나 글씨를 표준 서체로 12포인트 정도로 키워서 매 줄마다 띄우고 A4지에 인쇄할 경우에는 여덟 페이지가 넘어갑니다. 나는 길다는 의미에서 그것을 큰 글자로 생각했을 것입니다. 대부분의 개인적인 메모는 한 페이지 내지 그 이하일 뿐입니다.

바울이 써서 보냈던 각각 단어의 모든 글자 크기가 아주 크다는 사실을 말하고 있었다고 주장하는 사람들은 "하루살이는 걸러내고 낙타는 삼키고"(마 23:24)있는 것입니다. 바울에게 눈병이 있었다고 말하기 위해 이 성경 구절(갈 6:11)을 사용하는 사람들은 건전한 성경해석의 모든 규칙을 깨뜨리고 있는 것입니다. 그들은 자기들이 원하는 대로 성경 구절을

---

[10] Thayer and Smith, "Greek Lexicon entry for Pelikos"에서 나온 정보에 근거함. http://www.biblestudytools.com/lexicons/ greek/kjv/ pelokos.html1에서 이용가능. S.V. "large," Galatians 6:1.(저자 주)

인용해서 해석하고 있습니다. 갈라디아서 4장에서 언급되었듯 바울의 눈에 어떤 문제가 있었을지라도, 그것은 전날에 그가 돌에 맞아서 죽은 자로 버려졌기 때문입니다. 더욱이 그 문제도 일시적이었을 뿐입니다. 그것이 바로 바울이 갈라디아서 4장에서 말하고 있는 바와 고린도후서 12장에서 육체의 가시를 언급한 것 사이의 유일한 상관관계라 할 것입니다.

바울의 육체의 가시는 어떤 종류의 병이 아니었습니다. 그것은 바울이 가는 곳마다 박해를 조장하려고 사탄이 보낸 악마 같은 사자였습니다. 우리는 박해로부터는 속량 받지 않았습니다. 그러나 질병으로부터는 속량 받았습니다.

9장

저주에서 속량되었다
REDEEMED FROM THE CURSE

나는 바울의 가시에 대한 여러 가지 다른 해석들에 많은 생각과 연구와 기도를 제시했습니다. 나는 다른 사람들이 한 말들에 귀를 기울였고 그들의 입장을 숙고했습니다. 하지만 나는 내가 나눈 내용이 어떤 다른 해석보다 더 정직하고 성경전체와 더 일치한다고 믿습니다. 바울의 육체의 가시를 병으로 해석하는 것은 편의주의 신학[11]입니다. 다시 말해, 그러한 해석은 당신에게 아무런 노력도 요구하지 않는다는 것입니다.

---

[11] 편의주의 신학convenient theology : 자신의 무능함 또는 부족함을 쉽게 변명할 수 있기 위해 편리한 대로 이론을 꾸며낸 신학이라는 뜻으로 저자가 사용한 말.(역자 주)

당신은 그냥 육신적으로 살 수 있습니다. 당신은 하나님을 구할 필요도 없습니다. 당신은 그저 기도할 뿐입니다. 그래서 어떤 사람이 치유를 받지 못할 경우, 당신은 "글쎄요, 그 질병은 바울의 육체의 가시 같은 것이 틀림없습니다. 하나님께서는 당신이 그 질병을 감내하기 원하십니다."라고 말합니다. 그것은 책임 회피입니다!

진리는 주님께서 사람들을 치유하기 원하신다는 사실입니다. 그러나 주님은 믿음으로 활동하고, 하나님께서 주신 자신의 권세를 사용하고, 그분의 능력을 행사하며, 그 능력을 나타낼 수 있는 사람을 필요로 하십니다. 이는 우리에게 책임을 부여하지만, 우리 중 많은 이들이 이 책임을 회피하는 데 대가가 되었습니다.

"물을 마시지 말라"

어떤 사람들은 치유하는 것이 언제나 하나님의 뜻이라는 진리를 반박하려는 의도에서 디모데전서 5장을 인용합니다. 바울은 믿음 안에서 자신의 아들과 같은 디모데에게 이렇게 말하고 있었습니다.

이제부터는 물만 마시지 말고 네 위장과 자주 나는 병을
위하여는 포도주를 조금씩 쓰라 딤전 5:23

나는 실제로 사람들이 이 성경 구절에 근거해서, 디모데에게는 절대로 치유되지 않는 만성질환이 있었으며 바울의 오른팔 같은 디모데가 치유되지 않았다면 우리를 치유하는 것 역시 하나님의 뜻이 아니라고 가르치는 것을 들은 적이 있습니다.

이것은 성경 중 단 한 구절에 불과합니다. 디모데전서 5:23이 디모데를 언급하면서 그의 위장을 위해 포도주를 조금 쓰라고 말하는 대목은 신약성경 전체 가운데 유일한 구절입니다. 이 구절과 비교할만한 다른 구절이 전혀 없습니다. 따라서 디모데에게 어떤 만성질환이 있었다는 것을 포함해서 당신이 이 부분에 대해 말하는 어떤 것도 가설에 지나지 않습니다. 가설에 근거해서 하나님께서는 우리를 치유하기를 원하지 않으신다는 증거로서 이 성경 구절(딤전 5:23)을 제시하는 것은 부정확하고 부정직한 성경해석입니다.

분명한 사실은 디모데가 어떤 병을 앓았든지 그것은 위장의 문제였다는 점입니다. 그리고 그것은 물과 관련되어 있었습니다. 당신이 어떤 제3세계 국가를 여행하다가 그곳 물을 마시면 무슨 일이 일어날까요? 바로 위장에 탈이 날 것입니다. 멕시코

에서는 그것을 몬테수마의 복수Montezuma's Revenge[12]라고 부릅니다. 이는 마시기에 부적합한 물 때문입니다. 나는 이런 경우를 개인적으로 경험한 적은 없지만 나와 함께 다른 나라로 여행한 많은 사람들이 물을 마셔서 탈이 난 것을 본 적이 있습니다. 그들은 그 때문에 얼마나 힘들었는지 진저리를 치며 이야기했습니다. 그곳의 물이 마시기에 안전하고 깨끗하지 않다면, 차라리 물 대신에 다른 것을 마시는 것이 더 나을 때가 있습니다. 따라서 바울은 디모데에게 물을 마시지 말라고 충고했던 것입니다. 왜냐하면 그곳의 물이 그의 위장에 문제를 일으키고 있었기 때문입니다. 그래서 물 대신 포도주를 조금 쓰라고 권면한 것입니다.

이는 약에 대한 처방이 아니었습니다. 어떤 사람은 포도주에는 약성분이 있기 때문에, 바울이 디모데의 위장 문제를 위해 약을 복용하라고 조언한 것이라 주장합니다. 그러나 그렇지 않습니다. 디모데의 위장 문제는 오염된 물과 관련되어 있었던 것이 분명합니다. 그래서 바울은 "물을 마시지 말고, 대신에 포도주를 마셔라."라고 말한 것입니다. 당시 그들에게도 지금 우리처럼 탄산수가 있었다면, 바울은 "물을 마시지 말고

---

[12] 특별히 멕시코를 여행할 때 겪는 물갈이로 인한 이질과 설사를 일컫는 표현.(편집자 주)

대신에 탄산수를 마셔라."라고 말했을 것입니다. 그러나 그들에게 탄산수는 없었고, 포도주만 있었습니다. 이는 결코 디모데에게 치유를 받지 못한 만성질환이 있었다는 말이 아닙니다. 바울은 디모데에게 다만 "물을 마시지 말라. 그것이 네 위장에 탈이 나게 하는 원인이다. 물 대신에 다른 것을 마셔라."라고 말해주는 것일 뿐입니다. 이는 마치 외국으로 선교여행을 하는 중에 내가 우리 성경 대학의 한 학생에게 "이 수도꼭지에 나오는 물은 마시지 말아요. 대신에 끓인 물을 마시든지 탄산수를 마시고, 물은 마시지 마세요."라고 말하는 것과 같습니다. 그것이 바울이 말하는 바입니다.

디모데전서 5:23을 근거 삼아 사람들은 마치 하나님께서 우리가 병들기 원하시는 것처럼 보이게 하는 종류의 교리를 창작해냈습니다. 그것은 틀린 것입니다. 이는 성경에도 맞지 않는 것입니다.

당신이 믿어야 한다

에라스도는 고린도에 머물러 있고 드로비모는 병들어서 밀레도에 두었노니 딤후 4:20

어떤 사람들은 이렇게 주장합니다. "바울의 동료 중 한 사람인 드로비모도 치유되지 않았다. 그러므로 모든 사람을 다 치유하는 것이 하나님의 뜻 일리가 없다." 모든 사람이 치유를 받지 못하는 것은 사실이지만, 그렇다고 그것이 하나님께서 그들이 치유되기를 원치 않으시기 때문이라는 뜻은 아닙니다. 모든 사람이 구원을 받는 것은 아니지만, 하나님께서 모든 사람이 구원받기를 원하시는 것만큼은 너무도 분명합니다. 단지 어떤 사람이 병들어 있다는 것 자체가 하나님께서 그 사람이 아프기를 원하셨다는 의미는 아닙니다. 사람들은 드로비모가 사도 바울과 함께 여행하고 있었다는 이유로 그가 치유받을 믿음이 있었던 사람이라고 추론합니다. 그들은 "그가 치유받는 것이 하나님의 뜻이었다면 치유되었을 것이다."라고 말합니다.

사람들은 나의 동료나 직원이 아프거나, 어떤 병에 걸리거나, 수술을 받거나, 아니면 안경을 쓸 경우, 나를 찾아와서 거의 비슷한 방식으로 질문할 것입니다. "그 사람들을 치유하는 것이 하나님의 뜻이었다면 어째서 그들은 치유되지 않았요?" 나는 내 믿음으로만 다른 사람에게 치유가 나타나게 할 수는 없습니다. 당신은 그저 어떤 사람 주위에 있다고 해서 치유되는 것이 아닙니다. 삼투압작용으로 치유가 이루어지는 것이 아닙니다. 당신은 사람들과 접촉하는 것으로는 치유받지 못합니다. 각자가 믿어야 합니다.

드로비모가 믿어야 했습니다. 말씀은 드로비모가 밀레도에 남겨진 이유를 우리에게 알려주지 않습니다. 아마도 드로비모는 믿었지만, 그의 몸에 치유가 나타나려면 일정 시간이 필요했을 것입니다. 하지만 바울은 치유가 드로비모의 몸에 나타날 때까지 기다리고 싶지 않아서 먼저 떠났던 것입니다. 드로비모는 치유되어 나중에 바울과 합류했거나 아니면 다른 식으로 사역을 했을 수도 있습니다.

드로비모가 하나님을 더 이상 믿지 않아서, 바울이 그를 그곳에 병든 채로 놔두고 떠나기로 결정했을 수도 있습니다.

다른 가능성들도 있지만, 하나님께서 우리가 치유되기를 원치 않으신다는 징후로 인해 바울이 드로비모를 밀레도에 병든 채로 놔두고 떠났다고 해석할 근거는 전혀 없습니다.

절대 축복이 아니다

우리가 성경을 순수하게 받아들인다면, 사람들이 치유를 폄하하기 위해 사용하는 잘못된 해석의 가면을 벗겨냈을 것입니다. 하나님께서 어떤 사람들이 병들기를 원하셨다고 말하는 것은 사실이 아닙니다. 당신은 하나님께서 모든 것이 협력하여 선을 이루도록 역사하신다고 말씀하는 로마서 8:28과 같은 성경 구절에 대해 여전히 궁금해 할지도 모릅니다. 나는 당신에게 「하나님의 절대 주권The Sovereignty of God」이라는 나의 가르침을 살펴보기를 권면합니다. 나는 그 책에서 보나 철저하게 로마서 8:28(과 나른 구절들)을 다루었습니다.

어떤 사람들은 하나님의 절대 주권을 잘못 이해하여, 주님께서는 모든 것을 주관하시며 하나님께서 허락하지 않는 한 사람은 아플 수가 없다고 생각합니다. 그러나 그것은 말씀이 가르치는 바가 아닙니다. 마찬가지로, 하나님께서는 사람들이 지옥에 가는 것을 허락하지 않으십니다. 어떤 의미에서 당신은 하나님께서 우리의 자유의지를 높이 평가하시기 때문에 그것을 허락하신다고 말할 수도 있을 것입니다. 그러나 사람들이 지옥에 가는 것은 하나님의 갈망이나 소원이나 계획이 아닙니다. 하나님께서는 우리의 길에 방해물을 두셔서 우리가 회개하고 거듭나도록 초청하시지만, 궁극적으로는 우리에게 선택권을 주십니다. 하나님께서는 우리를 장기판의 졸처럼 조종하지는 않으십니다. 그러나 지옥에 가는 사람들은 누구든지 주님께서 그 사람의 길에 두신 산과 같은 장애물을 넘어가야만 합니다.

구약에는 하나님께서 사람들을 병으로 치셨다는 대목이 몇 군데 있지만, 그것이 단 한 번도 축복으로 여겨진 적이 없습니다. 미리암(민 12장)과 웃시아 왕(대하 26장) 둘 다 나병 환자가 되었습니다. 전염병으로 185,000명의 사람들이 죽었습니다(왕하 19장). 주님의 천사가 돌아다니면서, 하룻밤 사이에 애굽의 첫 태생들을 다 죽였습니다(출 12장). 그렇습니다, 옛 언약 아래서는 하나님께서 사람들에게 병을 두셨지만, 그것은 결코 축복이 아니었습니다.

나병이 덮치기 전에 미리암은 이스라엘 자손들 가운데 위대한 지도자였습니다. 그러나 이 사건 이후로 말씀이 그녀에 대해서 언급한 내용은 단지 그녀가 죽어서 사람들이 애도했다는 것뿐이었습니다. 그녀의 사역은 끝났습니다. 나병은 처벌이요 저주였지, 축복은 아니었습니다.

웃시아는 하나님께서 강력하게 쓰신 왕이었습니다. 그러나 나병이 덮친 후에는 기름 부음이 떠난 것 같았습니다. 그는 평생 고통을 당했습니다. 병은 저주지 축복이 아니었습니다. 병은 그에게 도움이 되지 않았습니다. 그를 아프게 했습니다.

죽음의 천사가 죽인 185,000명의 사람들은 복을 받은 것이 아니었습니다. 그 일은 그들에게 어떤 유익도 주지 않았습니다. 어떤 본보기가 될 수 있었을지는 모르지만, 그들에게 축복은 아니었습니다.

새 언약 안에서

신명기 28장은 병은 유익이 아니라 저주이며, 건강이 축복임을 아주 분명하게 진술합니다. 하나님께서 저주로 사람들을 치신 때가 있었지만, 갈라니아서 3장은 다음과 같이 계시합니다.

> 그리스도께서 우리를 위하여 저주를 받은 바 되사 율법의 저주에서 우리를 속량하셨으니 기록된 바 나무에 달린 자마다 저주 아래 있는 자라 하였음이라 이는 그리스도 예수 안에서 아브라함의 복이 이방인에게 미치게 하고 또 우리로 하여금 믿음으로 말미암아 성령의 약속을 받게 하려 함이라 갈 3:13-14

그리스도께서는 우리를 저주에서 속량하셨습니다. 그렇습니다. 하나님께서 사람들을 병과 나병과 질병과 눈멂과 죽음으로 치신 경우가 있습니다(왕하 1장). 하지만 그것은 축복이 아니었습니다(눅 9:54-56). 그것은 언제나 형벌이었고 저주였습니다. 그리고 새 언약 안에서 우리는 저주에서 속량 받은 자입니다.

하나님의 시스템

어떤 사람들은 "글쎄요, 하나님께서 우리를 병으로 징계하시고 비극적인 일로 교정하지 않으신다면 우리는 어떻게 배움을 얻을까요?"라고 궁금해 합니다. 성경은 이렇게 말씀합니다.

> 모든 성경은 하나님의 감동으로 된 것으로 교훈과 책망과 바르게 함과 의로 교육하기에 유익하니 이는 하나님의 사람으로 온전하게 하며 모든 선한 일을 행할 능력을 갖추게 하려 함이라 딤후 3:16-17

하나님께서는 그분의 말씀을 통하여 우리를 책망하고, 교정하며, 지시하십니다. 병과 질병과 비극적인 일은 주님의 교정 시스템이 아닙니다. 하나님께서는 그분의 말씀을 통하여 우리를 훈육하고 훈련하십니다. 위 구절에서 말씀의 교정이 당신을 온전하게 하여서 "모든 선한 일을 행할 능력을 갖추게" 한다고 말하는 것에 주목하십시오. 즉 말씀의 교정으로 충분하다는 뜻입니다. 당신에게는 다른 교정수단이 필요하지 않습니다.

어떤 사람들은 "맞는 말입니다만, 모든 사람이 말씀에 순종하는 것은 아닙니다. 어떤 이들은 삶에서 모든 것이 잘못되어 갈 때만 말씀에 반응합니다."라고 주장합니다. 비극적인 일과 병과 질병은 하나님의 시스템이 아닙니다. 그분의 시스템은 말씀을 통해, 즉 당신에게 말씀이 활성화되게 하시는 성령님을 통해서 당신을 가르치는 것입니다. 당신은 다른 방식으로 배울 수는 있지만, 그것이 하나님의 시스템은 아닙니다.

어떤 사람들이 하반신 불구가 된 것으로 인해, 하나님께로 돌이켜야 한다는 교훈을 얻었다는 것은 분명한 사실입니다. 하나님께서는 그들을 격려하셨고, 그래서 그들은 오늘날 많은 기쁨과 평안과 축복 가운데 많은 사람들을 섬기며 살고 있습니다. 그것은 좋은 일이지만, 그들이 "하나님께서 저를 하반신 불구로 만드셔서 제가 이것을 배울 수 있게 하셨어요."라고 말하는 것은 잘못된 것입니다. 그렇지 않습니다. 주님께서는 성령에 의해 하나님의 말씀을 통해서 그들을 가르치려고 하셨습니다.

당신이 하나님의 말씀을 통해서 주님께 응답하지 않는다면, 당신은 다른 방법을 통해 배우게 됩니다. 당신은 곤경을 통해서도 배울 수 있습니다. 단, 그것을 통과해서 살아난다면 말입니다. 당신이 그것을 견디고 살아남기만 한다면야, 힘난한 인생 경험은 재미있는 간증거리를 만들어 줍니다. 그러나 많은 사람들은 그것을 통과하지 못합니다. 하나님의 시스템은 그런 것이 아닙니다. 하나님께서는 그분의 말씀을 통해서 우리를 가르치십니다.

이 진리를 숙고하라

하나님께서는 우리에게 일어나는 모든 일을 합력시켜 선이 되게 하실 수 있지만, 우리에게 일어나는 모든 일이 다 하나님으로부터 온 것은 아닙니다(롬 8:28, 요 10:10). 병은 하나님으로부터 온 것이 아닙니다(약 1:16-17). 주님은 당신을 겸손케 하려고 당신에게 병을 주지 않으십니다. 하나님께서는 당신이 건강하기를 원하십니다!

하나님께서는 바울을 괴롭히지 않으셨습니다. 바울에게 맞섰던 장본인은 사탄이 보낸 사자였습니다. 주님은 "감내하라."라고 말씀하시면서 바울을 치유하기를 거부하지 않으셨습니다. 그렇습니다. 주님은 바울에게 이렇게 말씀하셨습니다. "바울아, 내가 네게 마귀와 사람들이 네 길에 던지는 모든 고초와 박해를 참고 견딜 수 있는 은혜를 줄 것이다." 하나님께서는 그 사람들을 사랑하셨습니다. 하나님께서는 바울의 모든 문제를 끝장내기 위해서 그들을 죽이고 제거하기를 원치 않으셨습니다. 그들 중에는 회심하여 하나님의 대변인이 되었던 또 다른 사울이13) 있었습니다. 그러므로 주님은 사도 바울에게 가해진 박해를 멈추게 하지 않으셨습니다. 바울에게 고초와 박해를 조장했던 장본인은 악마 같은 사자였습니다. 이 육체의 가시는 바울을 무너뜨려 더 이상 하나님께서 높이 쓰시지 못하게 하려고 사탄이 보낸 것이었습니다.

이것이 바로 하나님의 말씀 전체와 명백하게 일치하는 강력한 진리입니다.

당신이 병드는 것은 하나님의 뜻이 아닙니다. 그러므로 바울의 육체의 가시 뒤로 숨지 마십시오. 치유에 대한 이런 종교적 편견에 더 이상 집착하지 마십시오. 주님이 무언가를 가르치려고 오늘 당신에게 병을 주신 것이라는 잘못된 개념으로부터 돌이키십시오. 당신은 단순하게 하나님의 말씀으로 다가가야 합니다. 그리고 우리가 여태껏 논의했던 진리를 정직하게 고려하십시오. 스스로 성경을 찾아보십시오. 원어에서 사용된 단어의 의미와 문맥을 진지하게 생각해 보십시오. 당신이 스스로 공부해 보면, 내가 당신과 나누었던 것이 진리로 증명된다는 사실을 발견할 것이라 나는 확신합니다.

하나님께서 당신이 병들기를 원하신다고 주장하는 것은

---

13) 바울의 이름은 주님을 만나 "바울Paul"로 개명하기 전에는 "사울Saul"이었습니다. 사도행전 9장과 13:9을 보십시오.(저자 주)

종교적 편견이고 선입견이자 섣부른 결정입니다. 그것은 책임을 회피하려는 편의주의 신학입니다. 이런 편견이 존재하기 때문에, 사람들은 말씀을 가지고 그것이 말하지 않는 것을 말하게 하려고 애쓰는 것입니다.

내가 나누었던 이 진리들은 당신이 건강한 것이 항상 하나님의 뜻이라는 사실을 당신의 심령에 굳게 확립시키도록 도와줄 것입니다.

10 장

예수님은 그들 모두를 치유하셨다
JESUS HEALED THEM ALL

    치유는 그리스도의 속죄에 속한 일부입니다(사 53:4-5). 따라서 치유는 구원의 추가 사항이나 덧붙여진 것이 아닙니다. 그것은 이미 성사된 거래입니다(벧전 2:24). 그리스도의 죽으심과 장사됨과 부활을 통해서 치유는 이미 공급된 것입니다. 그리고 바울의 육체의 가시는 병이 아니라, 박해를 조장했던 악마 같은 사자였습니다(고후 12:7). 주님은 오늘날 어느 누구에게도 병이나 질병을 주지 않으십니다. 새 언약 아래 있는 우리는 율법의 저주에서 속량되었습니다(신 28:15-68, 갈 3:13-14). 그리스도와 그분께서 하신 일에 대한 믿음을 통해서 건강을 포함한 모든 축복은 그분 안에서 우리의 것입니다(신 28:1-14, 엡 1:3). 당신이 이미 말씀에 동의하고 있기를 바랍니다.

사탄이 당신으로 하여금 하나님께서는 당신이 병들기를 원하시고, 당신이 아픈 것에는 목적이 있으며, 주님께서 특별한 이유로 병을 사용하고 계신다고 믿게 할 수만 있다면, 당신이 병에 대적하여 싸우는 것은 사실상 불가능합니다. 당신은 하나님께 맞서고 싶지 않기 때문입니다. 그러면 당신은 병에 대해 수동적일 수밖에 없습니다.

야고보서 4:7은 이렇게 말씀합니다.

그런즉 너희는 하나님께 복종할지어다 마귀를 대적하라 그리하면 너희를 피하리라

우리는 마귀를 대적해야 합니다. 대적하라는 말은 "적극적으로 맞서 싸우라"라는 뜻입니다. 우리로 하여금 "뭐든 하나님께서 바라신다면야"라며 마귀에게 적극적으로 맞서 싸우지 않는 위치로 데려갈 수만 있다면, 사탄은 병과 질병으로 우리를 이길 수 있습니다. 우리가 병에 맞서 싸우는 것은 하나님의 뜻을 행하는 것이지, 결코 하나님께 맞서거나 그분이 우리 삶에 보내신 교정과 형벌에 대해 반항하는 것이 아님을 알아야 합니다. 오늘날 종교는 병은 하나님으로부터 온 것이며 하나님께서 우리 삶 가운데 그분의 뜻을 이루시려고 병을 사용하시므로, 치유를 믿는 것은 잘못된 것이라고 말해왔습니다.

우리가 우리의 치유를 진정으로 믿고 받을 수 있기 위해서는 먼저 이런 주장들을 우리의 심령과 마음으로부터 철저하게 뿌리 뽑아야 합니다. 이것이 기초입니다.

그러나 그 기초가 세워지고 이것을 진정으로 믿자마자, 자동적으로 치유될 것이라는 뜻은 아닙니다. 당신은 치유가 하나님의 뜻이라는 것을 믿어야 하지만, 치유가 나타나는 것을 보기 위해서는 그 다음으로 개입되어야 할 다른 요소들이 있습니다. 우리는 앞으로 몇 장에 걸쳐 그것을 살펴볼 것입니다. 치유가 하나님의 뜻이고, 하나님께서는 우리에게 병을 준 장본인이 아니시라면, 모든 사람이 치유를 받지 못하는 이유는 무엇입니까?

예수님은 변하지 않으셨다

무엇보다, 예수님이 이 땅에 계셨을 때 그분께서 사역하시도록 허락했던 모든 사람은 치유받았습니다. 예수님께서는 딱 한 번 하신 것이 아니라, 그런 사람들을 모두 치유하셨습니다. 그분은 그런 일을 수차례 하셨습니다. 예수님은 아버지의 정확한 형상이셨습니다. 그분은 "나는 항상 내 아버지께서 하신 것을 본 대로 한다."고 말씀하셨습니다. 예수님이 치유하기를 거부하신 사람은 단 한 명도 없었을 뿐만 아니라, 그분께서는 어느 누구도 병들게 하지 않으셨으며 모든 사람들을 치유하셨습니다. 이것이야말로 하나님께서는 우리에게 병을 주시는 분이 아니라는 충분한 증거가 아니고 무엇이겠습니까?

예수님이 그 자리에 있던 병자를 모두 고치셨다는 대목이 복음서에만 무려 17회나 나옵니다. 마가복음, 누가복음, 요한복음에도 이에 대한 예가 들어 있지만, 마태복음을 통해서 이 진리를 살펴봅시다. 예수님은 그들 모두를 치유하셨습니다. 그리고 예수님은 변하지 않으셨습니다.

예수 그리스도는 어제나 오늘이나 영원토록 동일하시니라
히 13:8

그리스도를 따르는 자들은 변했을지라도, 그리스도께서는 변치 않는 분입니다. 우리는 그분이 진정으로 나타나고 싶어 하시는 대로 그분을 표현하고 있지 않습니다. 오늘날 병자를 치유하지 않는 장본인은 하나님이 아니라, 그분을 따르는 자들입니다. 우리는 사실상 이 치유 분야에서 실패했습니다.

마태복음 4:23-24은 다음과 같이 말씀합니다.

예수께서 온 갈릴리에 두루 다니사 그들의 회당에서 가르치시며 천국 복음을 전파하시며 백성 중의 모든 병과 모든 약한 것을 고치시니 그의 소문이 온 수리아에 퍼진지라 사람들이 모든 앓는 자 곧 각종 병에 걸려서 고통당하는 자 귀신 들린 자 간질하는 자 중풍병자들을 데려오니 그들을 고치시더라

각종 병과 질병으로 고통당하는 사람들이 예수님께 오자, 그분께서는 그들을 치유하셨습니다. 그분은 단 몇 명만 치유하신 것이 아니라 모두를 치유하셨습니다!

모든 병과 모든 질병

저물매 사람들이 귀신 들린 자를 많이 데리고 예수께 오거늘 예수께서 말씀으로 귀신들을 쫓아 내시고 병든 자들을 다 고치시니 이는 선지자 이사야를 통하여 하신 말씀에 우리의 연약한 것을 친히 담당하시고 병을 짊어지셨도다 함을 이루려 하심이더라 마 8:16-17

위의 성경 구절은 예수님이 모든 병든 사람, 곧 그들 중 몇 명이 아니라 그들 전부를 치유하셨다고 분명하게 진술합니다.

> 예수께서 모든 도시와 마을에 두루 다니사 그들의 회당에서 가르치시며 천국 복음을 전파하시며 모든 병과 모든 약한 것을 고치시니라 마 9:35

이 얼마나 강력한 진술입니까! 예수님은 사람들 가운데 있는 모든 병과 모든 질병을 고치셨던 것입니다. 그분은 그저 몇 사람만이 치유를 받게 하시고, 그 외의 다른 사람들은 계속 병든 상태로 떠나가게 하지 않으셨습니다. 예수님은 그들 모두를 치유하셨습니다.

> 예수께서 아시고 거기를 떠나가시니 많은 사람이 따르는지라 예수께서 그들의 병을 다 고치시고 마 12:15

대단히 많은 무리가 있었음에도, 예수님은 그들 모두를 고치셨습니다. 당신이 건강한 것이 하나님의 뜻입니다! 예수님의 삶과 모범은 분명합니다. 그분은 그들 모두를 치유하셨습니다. 주님께서 치유하기를 거부하셨던 사람은 단 한 명도 없었습니다. 나중에 다루겠지만, 치유를 받는 것을 거부했던 사람은 몇 명 있었습니다. 그러나 예수님께서는 그분의 사역을 받아들인 사람은 모두 치유하셨습니다.

예수께서 나오사 큰 무리를 보시고 불쌍히 여기사 그 중에 있는 병자를 고쳐 주시니라 마 14:14

그들이 건너가 게네사렛 땅에 이르니 그 곳 사람들이 예수이신 줄을 알고 그 근방에 두루 통지하여 모든 병든 자를 예수께 데리고 와서 다만 예수의 옷자락에라도 손을 대게 하시기를 간구하니 손을 대는 자는 다 나음을 얻으니라 마 14:34-36

마귀가 아니라 하나님께 영광

큰 무리가 다리 저는 사람과 장애인과 맹인과 말 못하는 사람과 기타 여럿을 데리고 와서 예수의 발 앞에 앉히매 고쳐 주시니 마 15:30

다시 말하지만, 이 구절은 예수님이 그들 각각을 모두 치유하셨다는 뜻입니다. 마태복음 15:31은 그 결과를 보여줍니다.

말 못하는 사람이 말하고 장애인이 온전하게 되고 다리 저는 사람이 걸으며 맹인이 보는 것을 무리가 보고 놀랍게 여겨 이스라엘의 하나님께 영광을 돌리니라 마 15:31

하나님께 영광을 돌리는 것은 마귀에게서 난 일이 아닙니다. 사람이 기적으로 치유받는 일이 마귀의 일이라고 말하는 것은 책임 회피일 뿐입니다. 이는 그들의 무능함을 변명하려는 구실에 지나지 않습니다. 이는 그들 자신을 정당화하려는 술책에 지나지 않으며, 그들은 그 정당화를 하기 위해서 예수님의 모범을 따르는 자들을 비난해야만 하는 것입니다.

큰 무리가 따르거늘 예수께서 거기서 그들의 병을 고치시더라 마 19:2

맹인과 저는 자들이 성전에서 예수께 나아오매 고쳐주시니 마 21:14

이상의 구절들은 복음서에서 예수님이 그분께 나아온 모든 사람들을 고치셨다는 17개의 예 중 몇 가지일 뿐입니다(나머지 예는 이 책 말미에 "치유는 언제나 하나님의 뜻인가?"라는 항목에 열거되어 있습니다). 예수님께서 스스로 아버지께서 하신 것을 본 그대로 했다고 말씀하셨을 뿐만 아니라, 히브리서 1:3이 예수님을 아버지의 정확한 형상이라고 말씀하신다는 이 사실은, 우리 모두를 치유하는 것이 하나님의 뜻임을 보여줍니다.

그렇다면, 모든 사람이 다 치유되지는 않는 까닭은 무엇입니까? 이는 간단한 질문이지만, 대답은 우리가 다음 몇 장에 걸쳐 다루어야 할 정도로 복잡다단합니다.

11장

왜 모든 사람이 치유받지는 못하는가?

WHY ISN'T EVERYONE HEALED?

우리 모두를 치유하는 것이 하나님의 뜻이라면, 모든 사람이 다 치유받지는 못하는 까닭은 무엇일까요? 예수님의 제자들도 마태복음 17장에서 예수님께 똑같은 질문을 했습니다.

> 이 때에 제자들이 조용히 예수께 나아와 이르되 우리는 어찌하여 쫓아내지 못하였나이까 마 17:19

마태복음 17장 첫 부분에는 예수님이 제자들 중 세 명, 즉 베드로와 야고보와 요한을 데리고 산으로 올라가신 장면이 나옵니다. 바로 이 산에서 예수님께서 변화되셨습니다. 그분은 말 그대로 하나님의 쉐키나shekinah;현현의 영광의 빛을 사방으로 발산하기 시작하셨습니다. 구름이 예수님과 제자들을 덮었고, 그 구름 속에서 알아들을 수 있는 음성이 나왔습니다.

…이는 내 사랑하는 아들이요 내 기뻐하는 자니 너희는 그의 말을 들으라 하시는지라 마 17:5

엘리야와 모세가 나타나서, 머지않아 닥칠 십자가 처형에 대해 예수님과 이야기를 나누었습니다. 세 명의 제자들은 이 모든 광경을 보았고, 영광스러운 기적의 시간을 가졌습니다. 그런 다음, 그들은 나머지 제자들과 무리들이 모여 있는 곳으로 내려왔습니다.

그들이 무리에게 이르매 한 사람이 예수께 와서 꿇어 엎드려 이르되 주여 내 아들을 불쌍히 여기소서 그가 간질로 심히 고생하여 자주 불에도 넘어지며 물에도 넘어지는지라 내가 주의 제자들에게 데리고 왔으나 능히 고치지 못하더이다 마 17:14-16

예수님이 베드로와 야고보와 요한과 함께 산에 있는 동안,

나머지 제자들은 산 아래에 있었습니다. 성경에 따르면, 어떤 사람에게 미친[14] 사내아이가 있었습니다. 그 아이는 발작, 아마도 간질 같은 것으로 고통을 겪고 있었던 것 같습니다. 같은 이야기가 마가복음에도 묘사되어 있습니다(막 9:17-29). 그래서 아이의 아버지가 귀신을 쫓아내려고 예수님의 제자들에게 데려왔지만, 그들은 귀신을 쫓아낼 수 없었습니다.

예수께서 대답하여 이르시되 믿음이 없고 패역한 세대여 내가 얼마나 너희와 함께 있으며 얼마나 너희에게 참으리요 그를 이리로 데려오라 하시니라 마 17:17

예수님은 이를 치유하지 못하는 제자들의 무능함에 기뻐하지 않으셨습니다. 예수님께서 그 자리에 계셨더라면 이 아이를 치유하셨을 것입니다. 그리고 조금 뒤에 예수님은 그 아이를 고쳐주셨습니다. 예수님은 이런 상황을 다루지 못하는 제자들의 무능함에 대해 전혀 기뻐하지 않으셨습니다. 이것은 오늘날 대부분의 사람들과는 전혀 다른 태도입니다.

---

14) 킹제임스는 "미친lunatic"이라 표현한 반면에, 개역개정은 "간질"로 표현하고 있다.(역자 주)

"내가 실패했다"

실제로 어떤 사람들은, 내가 이 책에서 제시하는 바와 같이 모든 사람을 치유하는 것이 언제나 하나님의 뜻이라는 가르침을 비판할 것입니다. 우리가 오늘날 사람들이 치유되는 것을 보지 못하는 명백한 이유 중 하나는, 우리가 치유에 대해서 하나님을 믿고 있지 않기 때문입니다. 우리는 불신 가운데 작용하고 있습니다. 어떤 사람들은 그 사실을 인정하기보다는 오히려 이렇게 나를 비난할 것입니다. "당신은 동정심도 없군요. 당신은 마땅히 동정해야 할 사람들을 비난하기만 하는군요. 그 사람들에게는 할 수 있는 한 최선을 다하고 있으니, 그거면 된다고 말해주어야 합니다."

글쎄요, 예수님은 어떻게 반응하셨나요? 제자들이 이 상황을 다룰 수 없었다는 사실을 아시자 그분께서는 "믿음이 없고 패역한 세대여 내가 얼마나 너희와 함께 있으며 얼마나 너희에게 참으리요 그를 이리로 데려오라"라고 선언하셨습니다. 당신은 오늘날 우리보다는 예수님께 더 큰 동정심이 있었을 것이라고 생각하지 않으십니까? 주님께서 변하셔서, 이제는 우리가 사람들에게 치유 사역을 하지 않기를 바라신다고 생각하시나요? 절대로 그렇지 않습니다!

내가 실패한 것입니다. 나는 치유가 일어나는 것을 항상 보지는 못합니다. 나는 나와 아주 가까운 몇몇 사람들, 곧 내가 진심으로 사랑한 가족과 친구들이 죽는 것을 보았습니다. 나는 책임의 일부를 받아들이지 않을 수 없었습니다. 이는 복잡한 주제입니다. 나는 그것이 전적으로 나의 잘못이라거나 그들의 잘못이라거나, 아니면 전적으로 어느 누군가의 잘못이었다고 말하는 것이 아닙니다. 우리는 아직도 배우고 있는 중입니다. 그러나 나는 이 사람들이 낫는 것이 하나님의 뜻인 것은 알고 있습니다.

나는 아버지가 건강하게 되기를 몇 달 동안이나 기도했음에도 결국 돌아가시는 것을 보았습니다. 나는 그 당시 12살에 불과했습니다. 그리고 몇 년 후, 나는 나와 비공식적으로 약혼했던 소녀가 죽는 것을 보았습니다. (나는 실제로는 그녀와 약혼한 게 아니었지만, 우리는 그렇게 생각했습니다. 당시 나는 베트남에 파병되었고, 그녀의 가족은 그녀가 위독할 때 내가 특별휴가를 받아 고향으로 돌아올 수 있도록 우리가 약혼한 사이라고 말해주었습니다.) 나는 그녀의 임종을 지켰던 때를 기억합니다. 우리는 그곳에 서서 그녀가 죽은 자들로부터 살아나도록 몇 시간 동안 기도하고 믿었습니다.

나는 사람들이 감당할 수 없기 때문에 책임을 회피하고 싶어 한다는 것을 이해합니다. 그 일을 막기 위해 자신이 뭔가 할 수 있었다고 생각한다면, 이는 그들로 하여금 심한 죄책감을 느끼게 했을 것입니다. 그들은 "내가 실패한 거야."라고 말하지 않을 수 없었을 것입니다. 하지만, 나는 내가 실패했다고 믿습니다. 나는 나만이 아니라 그녀와 그녀의 아버지 그리고 다른 사람들도 실패했다고 믿습니다. 우리는 예수님이 우리를 위해 이미 공급하신 것을 우리 것으로 삼지 못했습니다. 그렇습니다. 우리가 잘못했던 것입니다. 그러나 나는 그 때문에 정죄를 받을까요? 아닙니다. 나는 결코 정죄 받지 않습니다. 나는 하나님께서 나를 사랑하신다고 믿습니다. 그분은 나를 위로하셨습니다. 그러나 진리를 알게 되면서, 나는 하나님의 말씀으로 들어가서 배우고 다시는 그런 일이 일어나는 것을 허락하지 않게끔 동기를 부여받았습니다. 정말입니다. 정죄가 아닌 동기부여를 받았습니다! 나는 사람들을 죽도록 내버려둔 장본인이 하나님이 아니라, 바로 우리라는 사실을 깨닫습니다. 더 정확히 말하면, 우리의 불신 때문인 것입니다.

우리에게 책임이 있다

예수님은 "믿음이 없고 패역한 세대여"라고 말씀하셨습니다. 오늘날 사람들이 재정 문제를 가지고 교회로 오면, 우리는 그들을 대금업자에게 보내면서 이렇게 말합니다. "은행에 찾아가보신 적이 있나요? 사회사업가들과 검토해본 적이 있나요?" 그들이 아플 경우에는 이렇게 묻습니다. "의사를 찾아가보신 적이 있나요? 의사가 수술을 해야 한다고 합니까? 약을 복용하셨나요?" 그들이 의기소침하고 낙심해 있다면, 우리는 이렇게 물어봅니다. "적당한 약을 복용하셨나요? 정신과 의사를 찾아가신 적이 있나요? 당신에게는 정신과 의사의 치료가 필요하군요." 다른 말로 하면, 교회는 사람들의 필요를 채워주어야 할 권세와 책임을 포기해 버렸다는 말입니다. 당신이 "우리는 병든 자들과 가난한 자들과 귀신 들린 자들을 섬겨야 할 책임이 있습니다."라고 말하면, 오늘날 사람들은 당신이 사리 분별이 없고 동정심도 없는 사람인 것처럼 여깁니다.

예수님은 제자들이 그 소년을 고칠 수 없는 사실을 기뻐하지 않으셨습니다. 오늘날도 주님은 제자들이 모든 병자들이 낫는 것을 보지 못한다는 사실을 기뻐하지 않으십니다. 언제나 하나님의 뜻은 모든 사람을 치유하는 것입니다. 이런 일이 일어나지 않는 이유는 하나님께서 치유하는 데 실패하셨기 때문이 아니라, 그분을 대표하는 자들이 그분께서 우리를 위해 이미 공급하신 것의 충만함 가운데 활동하고 있지 않기 때문입니다.

그렇습니다. 이것은 나의 책임입니다. 이 말은 내가 놓쳤다는 뜻입니다. 그뿐만 아니라, 다른 사람들도 놓쳤다는 의미입니다. 나는 내 자신의 완전함보다는 하나님의 완전하심을 지지하겠습니다. 하나님은 선하신 하나님이시기에, 그분은 사람들이 죽도록 내버려두지 않으십니다. 하나님은 암과 에이즈와 같은 끔찍한 불치병을 사람들에게 준 장본인이 아니십니다. 그렇지 않습니다.

죄

사람들이 병에 걸리는 원인은 주로 세 가지가 있습니다. 그 중의 하나가 죄입니다.

예수님께서는 베데스다 연못에 있던 사람이 치유를 받은 후에, 그에게 이렇게 말씀하셨습니다.

> 보라 네가 나았으니 더 심한 것이 생기지 않게 다시는 죄를 범하지 말라 하시니 요 5:14

예수님은 위의 구절에서 이 사람이 다시 병에 걸릴 수도 있으며, 만약 죄를 짓는다면 이전보다 더 심한 것이 그에게 찾아올 수도 있다는 사실을 아주 분명하게 밝히셨습니다. 그러므로 예수님은 병과 죄를 연결하셨습니다. 이것이 사람들이 병에 걸리는 유일한 이유는 아니지만, 한 가지 이유이기는 합니다.

알코올 중독자들이 평생 술을 마시고 간에 병이 든 것은, 그들이 스스로 그렇게 한 것입니다. 사탄이 그들의 행동을 사용하여 병이 들게 한 것이 아닙니다. 그들의 간에 병이 든 것은 하나님께서 그렇게 하셨기 때문도 아니요, 마귀가 직접적으로 그렇게 했기 때문도 아니요, 그들이 스스로 저지른 죄의 결과를 거두고 있는 것뿐입니다(롬 6:21-23). 마약 상용자들은 뇌에 심각한 손상을 입습니다. 주사기를 나눠 쓸 경우에는 종종 다른 질병에도 감염됩니다. 남녀관계가 문란한 사람들은 성병에 감염됩니다. 이것은 사탄이 그들에게 강요하기 때문에 일어나는 일이 아닙니다. 그들이 스스로 그렇게 하고 있는 것입니다. 그들은 죄를 통해 문을 활짝 연 것입니다.

직접적인 공격

사람들이 병에 걸리는 두 번째 원인은 우리가 마귀와의 전투battle에 놓여있기 때문입니다. 어떤 사람들은 이 점을 깨닫지 못하지만, 일어나는 모든 일이 단지 물리적인 현상인 것만은 아닙니다. 주님의 뜻을 수행하려는 하나님의 천사와 사탄의 뜻을 수행하려는 귀신의 영들 사이에 벌어지는 영적인 전투가 있습니다. 때로 우리의 적이 우리를 직접 공격하지만, 그 싸움은 우리가 범한 개인적인 죄에 기초한 것은 아닙니다. 물론 죄로 인해 사탄이 이 땅에 풀어놓아졌기 때문에 어떤 의미에서는 죄에 기반을 둔 것일 수도 있겠습니다. 그러나 병이 반드시 당신의 개인적인 죄로 인한 것은 아닙니다.

예수님은 소경인 채로 태어났던 사람 곁을 지나가시면서 이 점을 말씀하셨습니다.

> 제자들이 물어 이르되 랍비여 이 사람이 맹인으로 난 것이 누구의 죄로 인함이니이까 자기이니까 그의 부모니이까 예수께서 대답하시되 이 사람이나 그 부모의 죄로 인한 것이 아니라 그에게서 하나님이 하시는 일을 나타내고자 하심이라 요 9:2-3

주님께서는 이 사람도 그의 부모도 결코 죄지은 적이 없다고 말씀하신 것은 아니었습니다. 성경은 이 점에 관해서는 분명합니다.

> 모든 사람이 죄를 범하였으매 하나님의 영광에 이르지 못하더니 롬 3:23

예수님은 그들이 삶에서 죄를 지었을지라도, 이 사람의 죄나 그의 부모의 죄가 이 사람을 소경이 되게 했던 원인은 아니라고 말씀하고 계셨던 것입니다. 그냥 그 일이 일어났습니다. 영적인 전투는 지금도 벌어지고 있으며, 따라서 사탄은 삼킬 자를 찾아 돌아다니고 있습니다(벧전 5:8).

죄는 사람들이 병에 걸리는 원인 중 한 가지입니다. 또 하나의 원인은 우리가 타락한 세상에 살아가고 있고, 영적인 전투가 있다는 사실입니다. 때로 사탄은 우리를 공격합니다. 병은 다만 마귀의 직접적인 공격일 수도 있는 것입니다.

자연적인 일

사람들이 병에 걸리는 주요 원인 중 세 번째는 간단히 말해 자연적인 일입니다. 이는 성령 충만한 많은 그리스도인들이 제대로 고려하지 않았던 사항입니다. 그들은 처음 두 가지 원인은 인정합니다. 즉, 죄는 사탄이 우리 삶에 침투하여 무언가를 하도록 허용하는 틈이며, 또한 우리는 영적인 전투 가운데 있기 때문에 때로 마귀가 우리를 직접 공격한다는 사실은 인정하는 것입니다. 하지만, 성령 충만한 그리스도인들은 종종 모든 것을 영적으로 해석한 나머지, 자연적으로 일어나는 일들도 있다는 사실을 인식하지 못합니다.

계단을 걸어 내려갈 때 조심하지 않으면 발을 헛디뎌 넘어지고 발이나 목이나 쇄골이 부러질 수도 있습니다. 당신에게 일어날 수 있는 온갖 종류의 부정적인 일이 생길 수도 있습니다. 하지만 그 원인은 죄도 아니요 마귀도 아니요, 자연적인 일일 뿐입니다. 순전히 자연적인 원인으로 당신이 자신을 다치게 하고, 감기에 걸리고, 감염되고 부어오르는 등 온갖 일들이 일어나게 할 수 있습니다.

나는 절벽에서 물로 뛰어내리다가 웅덩이에 있던 바위에 부딪혀 등뼈가 부러진 사람의 이야기를 들은 적이 있습니다. 이제 그는 사지마비 환자입니다. 그러나 꼭 마귀가 그런 일을 벌인 것은 아닙니다. 마귀가 그들이 더 나은 판단을 버리고 현명하지 못한 짓을 하도록 부추겼을 수도 있겠지만, 어쨌거나 사지가 마비된 것은 자연적인 일이었습니다. 누군가 교통사고로 사지를 잃을 때, 그 원인은 마귀가 아니라 자연적인 일입니다.

인류가 타락하여 죄가 이 땅을 오염시킨 이후로 세균, 박테리아, 바이러스, 곰팡이와 같은 온갖 이로웠던 것들이 부패하여 이제는 우리의 몸을 공격합니다. 이 타락한 세계에서 어떤 것들은 그저 자연스러운 일인 것입니다.

한번은, 내가 알던 어떤 사람이 지붕 공사를 하다가 사고를 당했습니다. 못을 박다 그 못이 부러져 지붕에 맞고 튕겨서는 그의 눈을 강타한 것입니다. 많은 사람들이 "마귀가 한 짓이야."라고 말했지만, 이것은 그저 실수로 일어난 일입니다. 사람은 완벽하지 않습니다. 때로 무슨 일이 일어나더라도 그것은 그저 자연스러운 일일 뿐입니다.

우리는 항상 할 수 있는 일이 있다

당신은 죄로 인해 병이 들어올 틈을 줄 수 있습니다.

자연적인 일일 수도 있습니다. 당신의 과실로 지붕에서 떨어져서 다칠 수도 있습니다. 몸의 어딘가가 다치거나 부러질 수도 있습니다. 그 원인이 꼭 귀신이나 죄가 아니라, 그저 자연적인 일일 수 있습니다. 때로는 그런 일들이 일어나기도 합니다.

아니면 당신이 잘못이 없어도 마귀가 당신을 공격할 수 있습니다. 사실, 사탄이 당신을 공격하는 것은, 당신이 옳은 일을 하고 있다는 아주 좋은 표시입니다. 원수는 하나님께 민감하게 반응하여 자기를 공격하는 사람들을 훼방하려고 합니다. 당신은 거인을 만났을 때 비로소 약속의 땅에 도착했다는 것을 알 수 있습니다. 때로는 문제가 당신의 얼굴을 노려보고 있을 때가 바로 당신이 잘못된 것이 아니라 옳은 것을 하고 있다는 표시입니다.

 그리고 좋은 소식이 있습니다. 병을 일으킨 원인이 죄든 마귀든 자연적인 일이든, 그 어떤 것이든지 상관없이 우리가 그것에 대해 할 수 있는 무언가가 항상 있다는 사실입니다. 주님께서 병과 질병으로부터 우리를 속량하셨으므로, 우리는 우리의 권세를 취하고 우리의 믿음을 행사하여 치유를 행할 수 있습니다. 우리 자신의 죄로 인해 문이 활짝 열려서 우리에게 병이 왔을지라도, 우리는 회개하고 돌이켜서, 우리 삶 가운데 하나님의 용서와 치유의 능력을 풀어놓을 수 있습니다. 이 병과 질병이 어떻게 해서 왔는지는 상관없이 우리 믿는 자들이 그것에 대해 할 수 있는 일이 항상 있습니다.

12장

"너희의 불신 때문이다"
"BECAUSE OF YOUR UNBELIEF"

예수님은 제자들을 꾸짖으신 다음, 귀신 들린 소년을 고쳐 주셨습니다.

이에 예수께서 꾸짖으시니 귀신이 나가고 아이가 그 때부터 나으니라 마 17:18

제자들은 즉시 예수님께 다음과 같이 조심스럽게 물었습니다.

우리는 어찌하여 쫓아내지 못하였나이까 마 17:19

이것이 바로 우리가 다루게 될 문제입니다. 치유가 하나님의 뜻이며, 예수님께서 이 소년을 고치셨다면, 제자들이 그 소년이 낫는 것을 보지 못한 이유는 무엇입니까? 모든 사람이 치유되는 것이 하나님의 뜻임을 믿는데도, 우리가 항상 모든 사람이 치유되는 것을 보지는 못하는 까닭은 무엇입니까? 어떤 사람은 치유되지 않는 이유가 무엇입니까?

그들이 혼란스러워 했던 이유

예수님께 "우리는 어찌하여 쫓아내지 못하였나이까?"라는 질문을 했던 제자들은 치유가 하나님의 뜻이라는 것을 믿었습니다. 그들은 자신들에게 이 귀신을 쫓아낼 수 있는 권능이 있음을 알았습니다. 그들은 병든 사람을 치유하고 마귀들을 쫓아낼 수 있는 권능과 권세를 이미 받았습니다.

> 예수께서 그의 열두 제자를 부르사 더러운 귀신을 쫓아내며 모든 병과 모든 약한 것을 고치는 권능을 주시니라…병든 자를 고치며 죽은 자를 살리며 나병환자를 깨끗하게 하며 귀신을 쫓아내되 너희가 거저 받았으니 거저 주라 마 10:1, 8

이 구절과 병렬을 이루는 다른 복음서 기사에서는 이 제자들에 대해 다음과 같이 기록합니다.

> (제자들이) 많은 귀신을 쫓아내며 많은 병자에게 기름을 발라 고치더라 막 6:13

> 제자들이 나가 각 마을에 두루 다니며 곳곳에 복음을 전하며 병을 고치더라 눅 9:6

제자들이 돌아왔을 때, 그때는 단 한마디의 질문도 기록되어 있지 않습니다. 이는 마태복음 17장에서 "우리는 어찌하여 쫓아내지 못하였나이까?"라는 질문을 했던 바로 그 제자들이, 이미 마가복음 6장에서 이 권능과 권세를 믿고 성공적으로 행사했었다는 뜻입니다. 그들이 이 질문을 한 이유는 믿지 않아서가 아니었습니다. 그들은 믿었습니다. 그들은 권능을 이미 행사해서 바라던 결과를 본 적도 있습니다. 이것이 바로 그들이 혼란스러워 했던 이유입니다.

이 제자들이 '우리는 주님이 이런 병에 걸린 사람을 치유할 수 있다고 믿지 않아. 우리는 하나님께서 그렇게 하실 수 있다고 믿지 않아.' 라고 생각했다면, 이런 질문을 하지 않았을 것입니다. 그들이 이런 질문을 했다는 사실 자체가 그들이 믿었지만 바라던 결과를 얻지 못했다는 것을 보여줍니다.

단순하지만 심오한

이것은 중요합니다. 하나님께서 우리가 건강하기를 원하신다는 사실을 믿지 않는 사람들은 '모든 사람이 치유되지 않는 이유가 뭐지?'라고 고민하면서 많은 시간을 허비하지 않습니다. 그들은 모든 사람을 치유하는 것이 하나님의 뜻이라는 사실을 아예 믿지 않기 때문입니다. 오히려 당황하는 사람들은, 치유가 하나님의 뜻인 것은 믿지만 자기 자신을 포함한 각 사람 모두가 치유되는 것을 아직 보지 못하고 있는 사람들입니다. 그렇다면 모든 사람이 다 치유되지는 않는 것일까요?

제자들이 왜 소년에게서 귀신을 쫓아낼 수 없었는지를 물었을 때 하셨던 예수님의 답변은 매우 흥미로운 진리를 보여 줍니다.

너희의 불신unbelief[15] **때문이다** 마 17:20, 킹제임스 직역

---

[15] 위 구절을 개역개정은 "너희 믿음이 작은 까닭이니라", 한글킹제임스는 "너희가 믿지 않기 때문이라"라고 번역하고 있다. 그러나 본 책에서는 문맥상 영어 성경의 'unbelief'을 "불신"으로 번역하여 이해하는 것이 더 타당할 듯하다. 저자인 앤드류 워맥은 이어지는 내용에서, 치유가 일어나지 않는 이유는 우리가 믿음이 없기 때문이 아니라, 믿음은 있지만 그 믿음에 반대되는 잘못된 믿음, 즉 불신이 있기 때문이라고 말하기 때문이다.(역자 주)

"너희의 불신 때문이다."라는 이 대답은 단순하지만 심오합니다.

이는 대부분의 사람들이 말하는 것과는 다릅니다. 내가 당신에게 이 특별한 성경 구절을 보여주지 않았다면, 당신은 아마도 예수님께서 하신 것처럼 대답하지 못했을 것입니다. 내가 당신에게 개인적으로 "모든 사람이 치유되지 않는 이유가 무엇입니까?"라고 물었다면, 당신은 아마도 "글쎄요, 그들에게 충분한 믿음이 있지 않았기 때문이죠."와 같은 대답을 했을 것입니다. 그것은 대부분의 사람들이 했을 전형적인 대답입니다.

믿음이 없는 것이 그 사람이 치유를 받는 데 영향을 끼친다는 말은 맞는 말입니다. 예수님께서 치유 사역을 하신 모든 경우에, 어느 정도의 믿음이 관여했습니다. 어떤 사람들은 이렇게 주장할지도 모릅니다. "누가복음 7:11-16에 예수님께서 나인 성에서 죽은 자들로부터 소년을 살리신 일은 무엇이란 말입니까?" 그러나 소년의 홀어머니가 예수님으로 하여금 장례 절차를 중단시키고 그녀의 애통을 멈추게 하도록 허락한 것도 믿음이었습니다. 그런 다음 그녀는 "울지 말라."라는 예수님의 명령에 적극적으로 반응했습니다(눅 7:13). 믿음이 있지 않았다면, 그녀와 거기에 있던 다른 사람들은 매우 다르게 반응했을 것입니다. 예수님이 치유 사역을 하신 모든 경우에, 그곳에 있던 사람들은 어느 정도 믿음이 있어야 했습니다.

손을 뻗어 취하라

때로는 마가복음 5장에 나온 여인처럼, 사람들이 예수님께 다가왔습니다.

이는 내가 그의 옷에만 손을 대어도 구원을 받으리라 생각함일러라 막 5:28

그녀가 믿음으로 예수님의 옷자락에 손을 대자, 하나님의 능력이 흘러갔고 그리하여 이 여인은 치유되었습니다. 주님께서는 그녀에게 "네 믿음이 너를 구원하였으니"(막 5:34)라고 말씀하셨습니다. 그것은 강한 믿음strong faith입니다. 그 믿음은 하나님께서 당신이 쓸 수 있게 하신 것에 손을 뻗어 취하는 믿음입니다.

치유를 받은 모든 사람이 이런 유형의 믿음을 보여주었던 것은 아닙니다. 하지만 치유받은 모든 사람은 최소한 내가 "수동적인passive" 믿음이라고 부르는 것을 가져야만 했습니다. 당신에게는 손을 뻗어서 취하는 믿음은 없을지도 모르지만, 당신이 내 기도와 믿음으로부터 나오는 치유를 받으려면 최소한 내가 치유의 능력을 가져올 경우 그것을 받아들이는 수동적인 믿음은 가지고 있어야 합니다. 이 부분은 더 자세한 설명이 필요합니다.

이미 보았다시피, 당신이 보통 사람들에게 "모든 사람이 치유되지 않는 이유가 무엇입니까?"라고 물었다면, 대부분의 사람들은 "글쎄요, 그들에게 충분한 믿음이 없기 때문이죠."라고 대답했을 것입니다. 믿음 가운데 작동하고 있지 않다는 것이 그들이 치유를 받는 것을 방해한다는 말은 맞긴 하지만, 예수님께서 하신 말씀은 그것이 아닙니다.

> 예수께서 그들에게 말씀하시되, 너희의 불신 때문이다
>
> 마 17:20, 킹제임스 직역

예수님은 그들의 믿음이 작기little faith 때문이라고 말씀하지 않으셨습니다. 예수님은 그들에게 불신unbelief이 있기 때문이라고 말씀하셨습니다.

믿으면서 불신함

몇몇 성경번역본은 이 구절을 다음과 같이 부정확하게 표현합니다. "너희의 믿음이 너무도 적기 때문이다." 이는 끔찍한 번역입니다! 이는 마태복음 17:20이 말씀하는 바가

아닙니다. 당신이 대부분의 번역들, 특별히 직역본을 살펴보았다면, 마태복음 17:20을 "너희가 너무도 적은 믿음이 있기 때문이다."라고 표현하는 것이 아니라 "너희의 불신 때문이다."라고 번역한다는 사실을 알게 될 것입니다.

당신은 '글쎄, 무슨 차이가 있지? 불신이 있다는 건 믿음이 없다는 뜻인데. 믿음이 있다면 어떤 불신도 없을 텐데.' 라고 의아해할지도 모릅니다. 아닙니다. 그것은 맞지 않습니다.

대부분의 사람들은, 하나님을 믿고 있다면 자동적으로 어떤 불신도 없고, 반대로 불신이 있다면 자동적으로 어떤 믿음도 없는 것이라는 개념을 가지고 있습니다. 즉 당신에게 진정으로 믿음이 있다면 불신은 전혀 없다는 것입니다. 그러나 이것은 말씀이 가르치는 바가 아닙니다.

> 내가 진실로 너희에게 이르노니 누구든지 이 산더러 들리어 바다에 던져지라 하며 그 말하는 것이 이루어질 줄 믿고 마음에 의심하지 아니하면 그대로 되리라 막 11:23

예수님은 당신이 이 산에게 말해야 한다고 말씀하셨습니다. 당신이 믿음으로 말하고, 마음에 의심하지 말아야 한다는 것은 이미 아는 사실입니다. 그런데 믿음 안에 있다는 것이 진정 자동적으로 불신이 전혀 없음을 의미한다면, 왜 예수님께서는 마음에 의심하지 않아야 한다는 이 부분을 포함시키신 것일까요? 결국 당신은 믿는 동시에 불신할 수 있는 것입니다.

동시에

귀신들린 아이와 그 아버지에 대한 마태복음 17장의 기록과 병렬을 이루는 마가복음 9장을 살펴봅시다.

그들이 그를 주[예수]께 데려 오더라. 그가 주를 보자 즉시 그 영이 그에게 발작을 일으키니, 그가 땅바닥에 넘어져 구르며 거품을 흘리더라. 그때 주께서 그 아이의 아버지에게 "언제부터 이렇게 되었느냐?"고 물으시니, 그가 말씀드리기를 "어릴 때부터니이다. 그 영이 그를 죽이려고 종종 불에도 던지고, 물에도 던졌나이다. 그러나 주께서 무엇인가를 하실 수 있다면, 우리를 가엾게 여겨 도와주소서." 라고 하니라. 예수께서 그에게 말씀하시기를 "네가 믿을 수만 있다면, 믿는 사람에게는 모든 것이 가능하니라."고 하시니 막 9:20-23, 한글킹제임스

다른 말로 하면, 아이에게 발작이 나타나는 것을 보았을 때 아이의 아버지가 격분과 절망감을 느꼈다는 말입니다.

마침내 그는 예수님을 쳐다보고 말했습니다. "무엇이든 하실 수 있다면 우리를 도와주세요." 그는 의심하고 절망하기 시작했습니다. 그는 상황을 바라보면서 말했습니다. "하나님, 당신께서 이 상황을 다루실 수 있는지도 저는 모르겠습니다." 예수님께서는 아이의 치유에 대한 모든 책임을 자신에게 두시는 대신에, 아이의 아버지에게로 돌이켜서 이렇게 선언하셨습니다. "네가 믿을 수만 있다면, 믿는 사람에게는 모든 것이 가능하니라."

이제 아이의 아버지가 어떻게 반응하였는지 살펴봅시다.

> 곧 그 아이의 아버지가 울부짖으며 눈물로 말하기를 "주여, 내가 믿나이다. 나의 믿음 없음unbelief;불신을 도와주소서." 라고 하더라 막 9:24, 한글킹제임스

예수님은 "글쎄다, 그것은 참으로 어리석은 말이구나. 네가 진정으로 믿는다면, 너에게 불신이 있을 수 없는데. 네게 불신이 있다면, 너는 실제로는 믿고 있는 게 아니다."라고 말씀하지 않으셨습니다. 주님은 아이의 아버지를 교정하거나 꾸짖거나, 그와 비슷한 어떤 말씀도 하지 않으셨습니다. 그분은 그 아이를 고쳐주셨습니다. 이는 당신에게 믿음이 있는 동시에 불신이 있을 수도 있다는 사실을 보여줍니다.

믿음이 상쇄되었다

마차 한 대를 함께 끄는 말들을 상상해보십시오. 보통 상황이라면 그 말들은 충분한 힘이 있어서 능히 마차를 끌 수 있을 것입니다. 하지만 똑같은 힘을 지닌 또 다른 말들을 마차 뒤쪽에도 달아 동시에 반대방향으로 당기게 한다면 결국 실제 효과는 제로(0)가 될 것입니다. 마차 양쪽을 두 무리의 말들이 사력을 다해 끌면, 마차는 움직이지 않을 것입니다. 그 이유는 말들이 서로의 힘을 상쇄할 것이기 때문입니다. 한 무리가 반대쪽의 무리를 무효화하고 있습니다. 두 무리가 서로의 힘을 상쇄하고 있는 것입니다.

이것이 바로 예수님께서 마태복음 17:20에서 말씀하셨던 바입니다. 그분은 제자들에게 "너희에게 충분한 믿음이 없기 때문이다."라고 하지 않으셨습니다. 그분은 "너희의 불신 때문이다. 너희의 불신이 너희가 가진 믿음을 상쇄하였다."라고 말씀하셨습니다.

제자들은 이전에도 믿음 가운데 있었습니다. 그들은 마귀가 쫓겨나가고, 사람들이 치유되어 자유케 되는 것을 보았었습니다. 위의 구절에서도 그들은 이전과 똑같은 일을 했지만 똑같은 결과를 얻지 못했습니다. 그것이 바로 그들이 당황했던 까닭입니다. 그들은 자신들이 하나님을 믿고 있는 것을 알았습니다. 그래서 그들은 예수님께 "우리가 귀신을 쫓아낼 수 없었던 이유가 무엇입니까?"라고 물었던 것입니다. 예수님은 "너희의 믿음이 적기 때문이다."라고 대답하지 않으셨습니다. 그분은 "너희의 불신 때문이다."라고 대답하셨습니다.

아주 작은 겨자 씨 한 알

당신이 마태복음 17:20의 나머지 구절을 본다면, 이 부분을 "너희 믿음이 작은 까닭이니라"라고 번역하는 것은 말이 안 된다는 것을 알 수 있습니다.

예수께서 그들에게 말씀하시되, 너희의 불신 때문이다. 진실로 내가 너희에게 말한다. 너희에게 겨자 씨 한 알만한 믿음이 있다면, 너희가 이 산에게 여기서 저리로 옮겨져라 말하면 옮겨질 것이요, 또 너희에게 불가능한 일이 전혀 없을 것이다.

마 17:20, 킹제임스 직역

예수님은 "너희의 믿음이 겨자씨 한 알 정도의 크기일 뿐이리도, 너희에게 불가능한 일이 전혀 없었을 것이다."라고 말씀하고 계셨습니다. 겨자씨 한 알은 이 땅에 존재하는 가장 작은 씨앗 중 하나입니다. 그것은 둥그런 빵에 박혀있는 양귀비 씨 한 알처럼 생겼습니다. 우리 주님께서 말씀하신 점은 당신의 믿음이 비록 아주 작을지라도 산을 바다에 던져버리기에 충분하다는 것입니다. 당신은 큰 믿음이 필요한 것이 아니라, 반대방향으로 잡아당기는 불신에 의해 상쇄되고 무효화되지 않은 믿음이 필요할 뿐입니다. 당신이 산에게 말하여 직접 손을 댈 필요도 없이 그것이 바다에 던져지는 것을 보기 위해서는, 오직 아주 작은 겨자 씨 한 알만한 믿음만이 필요할 뿐입니다.

예수님께서 정말로 "너희 믿음이 작은 까닭이니라"라고 말씀하셨다면, 겨자 씨 한 알만한 믿음이 산을 움직인다고 말씀하신 나머지 부분의 논점과는 모순되고 반대되었을 것입니다. 얼마나 앞뒤가 맞지 않는지 아시겠습니까? 이는 이치에 맞지 않습니다. 예수님께서는 "자, 너희가 믿지 않아서가 아니야. 너희의 불신이 너희의 믿음을 무효화시켰기 때문이지. 그게 바로 너희가 바라던 결과를 보지 못하는 이유야."라고 말씀하고 계셨던 것입니다.

13장

무효화된 믿음
FAITH NEGATED

　나는 사람이 죽은 사람들로부터 살아난 것을 처음으로 본 지 얼마 되지 않아 신나고, 흥분된 상태였습니다. 나는 '내가 누군가 죽은 사람들로부터 살아나는 것을 볼 수 있다면 소경의 눈이 열리고, 귀머거리의 귀가 치유되고, 사람들이 휠체어에서 나오며, 그 어떤 것도 이루어지는 것을 볼 수 있을 거야!'라고 생각했습니다. 나는 네브래스카 주 오마하에서 집회를 개최하고 있었습니다. 내가 서 있는 왼쪽 앞줄에 한 남자가 휠체어에 앉아있었습니다. 나는 몹시 흥분했습니다. 나는 이렇게 생각했습니다. '하나님, 저는 당신께서 한 사람을 죽은 자들로부터 일으키신 것을 본 적이 있습니다. 그러므로 저는 이 사람도 치유될 것임을 압니다.' 나는 설교를 다 마칠 때까지 기다릴 수가 없을 정도였습니다. 드디어 나는 그 사람에게 가서 사역할 수 있었습니다.

나는 메시지를 마치자마자 그에게 가서 그를 손으로 붙잡고는 "나사렛 예수의 이름으로 일어나 걸어라!"라고 선언했습니다. 그런데 내가 그를 휠체어에서 잡아낭겼을 때 그는 일어나다가 바닥에 쓰러졌습니다. 그는 마비되어 있었기 때문에 혼자서 일어나 붙잡을 수도 없었습니다.

그 일이 일어났을 때, 사람들이 토해내는 불신과 충격의 숨죽임과 신음소리를 들을 수 있었습니다. 나는 당혹감과 창피함을 느꼈습니다. 나는 '내가 한 짓을 봐. 내가 이 사람을 난처하게 만들고 창피하게 했잖아.' 라고 생각했습니다. 그래서 나는 손을 내리고 무릎을 꿇은 후 이 사람의 가슴주위를 붙들고는 휠체어에 도로 앉히려고 안간힘을 쓰면서 "평안히 가라, 덥게 하라, 배부르게 하라."(약 2:16)와 같은 말을 했습니다. 하지만 나는 그에게 필요한 것을 주지 못했습니다. 이 사람은 그대로 휠체어에 있었습니다.

나는 호텔 방으로 돌아가서 "하나님, 그런 일이 왜 일어난 것입니까?"라고 물었습니다. 나에게 믿음이 있다는 사실을 알고 있었기에 나는 더 당황스러웠습니다. 어떤 사람들은 '아닙니다. 당신에게 믿음이 있었다면, 그 사람이 치유되었을 것입니다.' 라고 말할지도 모릅니다. 그렇지 않습니다. 나에게는 믿음이 있었습니다. 나는 내가 아는 한, 죽었다가 살아난 사람에게 했던 것과 똑같은 믿음을 다 사용했습니다. 나에게는 그만큼의 믿음이 있었습니다. 내가 하나님을 믿지 않았던 것이 아닙니다. 당신은 사람들이 걸을 수 있다고 믿지도 않으면서 그들을 잡고 휠체어로부터 끌어당기지는 않습니다. 나는 그 사람이 쓰러질 것이라고 예상하지 못했습니다. 나는 그가 걸을 것이라 기대했습니다. 그 자리에 믿음은 있었습니다. 그리고 나에게 믿음이 있었기 때문에 나는 당황스러웠습니다. 내가 옳은 결과를 보지 못한 이유는 무엇이었을까요?

인간의 두려움

그래서 나는 하나님께 "이 사람이 치유되지 못한 이유가 무엇입니까?"라고 물었습니다. 이 문제에 대한 해답이 마침내 번개가 스치듯이 내 마음에 떠오르기까지 약 삼 년이라는 시간이 걸렸습니다. 주님은 내게 이렇게 알려주셨습니다. "앤드류, 너에게는 믿음이 있었다. 하지만 불신도 있었단다." 사람들이 충격으로 반응하자, 나도 어쩔 줄을 몰라 했던 그 자체가 불신이었습니다. 나는 하나님께서 말씀하신 것보다 다른 사람들이 말한 것에 더 신경을 썼습니다.

예수님은 이렇게 말씀하셨습니다.

너희가 서로 영광을 취하고 유일하신 하나님께로부터 오는
영광은 구하지 아니하니 어찌 나를 믿을 수 있느냐 요 5:44

만약 당신이 반드시 다른 사람의 인정을 받아야만 스스로 좋게 느낄 수가 있다면, 덩신은 사람을 기쁘게 하는 자에 지나지 않습니다. 다른 사람들의 견해를 걱정하는 것은 인간의 두려움입니다. 두려움은 믿음의 정반대입니다. 두려움은 실상 부정적인 방향으로 움직이는 믿음입니다.

나는 사람들이 나에 대해 어떻게 생각할지를 걱정했습니다. 나는 당황하고 창피했습니다. 그 불신과 두려움이 나의 믿음을 무효화시켰습니다. 그렇습니다. 나에게는 믿음이 있었습니다. 그러나 나에게는 불신도 있었습니다. 나는 사람들이 나에 대해 어떻게 생각할까에 의해 흔들렸습니다. 그것이 내 믿음을 무효화해버렸습니다.

"그녀를 놔두십시오!"

내가 스미스 위글스워스에 관한 책을 읽는 중에 하나님께서는 내게 이 진리를 계시하기 시작하셨습니다. 위글스워스는 집회마다 강단에 서서 담대하게 "여기에서 먼저 일어나는

사람은 누구나, 무슨 질병을 앓고 있든 상관없이 나을 것입니다."라고 선언하는 것으로 집회를 시작하곤 했습니다. 그런 다음, 그는 사람들에게 사역하여 그들이 낫는 것을 보았습니다. 이는 모든 사람을 집중시켰고, 그는 그들에게 어떻게 그런 일이 일어났는지를 가르쳤습니다. 그리고 그는 기도줄을 세워서, 많은 무리를 위해 기도해주었습니다.

앞줄에 있던 두 명의 여인은 이러한 위글스워스의 패턴을 알았습니다. 그래서 위글스워스가 초청하자마자 곧장 튀어나갔습니다. 그들은 한 친구를 데려 왔는데, 그녀는 너무도 힘이 없고 연약해서 혼자서는 앉을 수도 없을 지경이었으니, 설 수 없는 것은 두말할 필요도 없었습니다. 그녀를 붙들려면 양쪽으로 한 사람씩 있어야 했습니다. 배에 있는 커다란 종양으로 인해 그녀는 마치 임신 9개월이 된 것처럼 보였습니다. 그녀의 몸 상태가 매우 안 좋았기에, 위글스워스가 선언하는 순간, 두 여자가 그녀를 붙잡고는 강단으로 밀어 올렸습니다.

두 여인이 각각 이 커다란 종양이 있는 여인을 붙잡아 올리고 있었습니다. 위글스워스는 그들을 보고는 "그녀를 놔두십시오."라고 말했습니다.

처음에 두 여인은 위글스워스에게 설명했습니다. "우리는 그녀를 놔둘 수가 없어요. 그녀는 너무나 힘이 없어서 혼자서 서 있을 수 없어요."

위글스워스는 어떻게 해야 할지 알았기 때문에, 그들을 향해 "내가 그녀를 놔두라고 말했습니다!"라고 말했습니다. 그러자 그들은 그렇게 했습니다. 그 여자는 종양이 있는 쪽으로 넘어졌고, 고통스러운 큰 신음이 터져 나왔습니다.

청중은 충격과 불신으로 가득한 채로 숨을 죽었습니다. 그것은 내가 휠체어에서 그 남자를 끌어당겼을 때 받았던 반응과 똑같은 것이었습니다. 이 비슷한 상황에서 나는 죄책감과 수치심과 다른 사람들이 어떤 생각을 할지에 대한 두려움으로 반응했습니다. 나는 '이러다 고소당하겠어!' 와 다른 모든 끔찍한 일들을 생각하고 있었습니다. 그런데 위글스워스는 어떻게 반응했는지 아십니까? 그는 "일으켜 세우십시오!"라고 말했습니다.

그래서 두 여인은 그 여자를 일으켜 세웠고, 다시 세우자마자 위글스워스는 "그녀를 놔두세요!"라고 말했습니다. 위글스워스는 조금도 당황하지 않았습니다. 그는 믿음에서 벗어나지 않았던 것입니다.

더 적은 불신

두 여인이 위글스워스에게 대답했습니다. "우리는 그녀를 놔두지 않겠어요! 우리는 그녀를 그냥 놔둘 수가 없어요! 놓으면 쓰러질 거예요."

위글스워스는 다시 그들을 향해 고함을 치면서 말했습니다. "그녀를 놔두십시오!" 그러자 그들은 그녀를 놔두었습니다. 종양이 있는 쪽으로 그녀가 또 넘어졌습니다. 청중들은 충격을 받았습니다. 불신의 불평과 신음이 온 강당에 넘실거리고 있었습니다. 위글스워스는 눈 하나 깜짝하지 않았습니다. 그는 "일으켜 세우십시오."라고 말했습니다. 그래서 그들은 그녀를 일으켜 세웠습니다. 그러자 위글스워스는 말했습니다. "그녀를 놔두세요."

두 여인이 항의했습니다. "우리는 그녀를 놔두지 않을 거에요."

위글스워스가 고함쳤습니다. "당신들은 그녀를 놔두어야 합니다."

청중 가운데 한 남자가 서서 말했습니다. "이 짐승 같은 놈아! 그 가여운 여인을 그만 놔둬!"

위글스워스가 대답했습니다. "나는 내가 할 일을 잘 알고 있습니다. 당신은 당신이 할 일에만 신경 쓰시지요." 그런 다음, 그는 몸을 두 여인 쪽으로 돌리더니 고함쳤습니다. "그녀를 놔두십시오!" 그녀는 쓰러지려고 했지만, 이내 멈추었습니다. 종양이 그녀의 옷에서 바닥으로 떨어졌습니다. 그러자 그녀는 완벽하게 나아 걸어갔습니다.

주님은 스미스 위글스워스가 나보다 더 많은 믿음이 있었던 것이 아님을 나에게 알려주셨습니다(롬 12:3). 스미스 위글스워스도 처음에 이 여인에게 사역했을 때는, 내가 그 사람을 휠체어에서 끄집어낼 때 얻었던 것보다 더 나은 결과를 얻지 못했습니다. 그 사람처럼 그녀도 쓰러졌습니다. 그런데 차이는 무엇이었을까요? 스미스 위글스워스에게는 더 많은 믿음이 있었던 것이 아니라, 더 적은 불신이 있었던 것입니다. 그는 사람들이 그에 대해 어떻게 생각할지에 대해 전혀 신경 쓰지 않았습니다.

실제로 그 책에는 스미스 위글스워스가 종종 너무 거칠고 딱딱하다는 비난을 받았다고 나와 있습니다. 감정과 관련해서 '딱딱하다hard'는 말이 무슨 뜻인지 아십니까? 그것은 냉정하고, 둔감하고, 무정하며, 다른 사람들이 생각하는 바에 굴하지 않는다는 뜻입니다. 스미스 위글스워스와 나의 차이는 그에게 더 많은 믿음이 있었다는 점이 아닙니다. 그는 그저 사람들의 비난에 보다 덜 민감했습니다. 그는 다른 사람들이 생각하는 것에 굴하지 않았습니다. 그는 하나님께서 그에게 말씀하신 것이 아니라면 그 누구에게도, 그 어떤 것에도 개의치 않았습니다. 그러나 나는 여전히 사람들의 견해나 나의 육신의 영역, 즉 내가 보고 맛보고 듣고 냄새 맡고 느낄 수 있던 것에 지배받고 있었습니다. 그러므로 차이는 스미스 위글스워스에게 더 많은 믿음이 있었다는 것이 아니라, 그에게 더 적은 불신이 있었다는 것입니다.

당신의 불신을 줄이라

대부분의 사람들은 이 진리를 이해하지 못합니다. 사람들은 누군가 치유되기를 기도했지만 즉각적으로 치유의 나타남을 보지 못할 경우, 종종 "나에게 충분한 믿음이 없나봐."라고 생각합니다. 그래서 그들은 자신의 믿음을 세우고 증가시키려고 노력하기 시작합니다. 그들은 거대한 믿음이 있어야 한다는 잘못된 개념을 가지고 있습니다. 하지만, 이 개념은 예수님이 마태복음 17:20에서 "너희의 믿음의 크기가 아주 작은 겨자씨 한 알만하다면 산을 바다에 던져버리기에 충분하다."라고 말씀하시면서 가르치신 것을 거스르는 것입니다. 다른 말로 하면, 예수님은 "자, 너희는 큰 믿음이 필요치 않다. 너희에게 필요한 것은 그 믿음을 반대하거나 방해하거나 무효화시키는 것이 전혀 없는 순수한 믿음이다. 너희는 반대 방향에서 당기는 것이 전혀 없는 믿음이 필요하다."라고 말씀하고 계셨던 것입니다. 대부분의 사람들은 삶 속에 있는 불신을 다루지는 않고, 대신 믿음을 세우려고 애씁니다.

불신은 믿음이 오는 것과 아주 비슷한 방식으로 옵니다.

> 그러므로 믿음은 들음에서 나며 들음은 그리스도[하나님]의 말씀으로 말미암았느니라 롬 10:17

다른 말로 하면, 믿음은 우리가 하나님과 그분의 말씀에 초점을 맞출 때 온다는 말입니다. 불신은 비슷한 방식으로 오지만, 정반대 방향에서 옵니다. 불신은 우리가 사람들이 말하는 것에 초점을 맞출 때 옵니다. 불신은 의사가 하는 모든 부정적인 말에 귀를 기울일 때 옵니다. 우리가 그 모든 부정적인 것을 주목하고, 숙고하며 생각할 때, 그 부정적인 것이 우리의 믿음을 무효화할 것입니다. 그러므로 그리스도인의 삶의 열쇠는 거대한 믿음을 계발하는 법을 배우는 것이 아니라, 우리 삶 속에 있는 불신의 양을 줄이는 법을 배우는 것입니다. 매우 극소수의 그리스도인들만이 이를 이해하고 있습니다.

대부분의 그리스도인들은 믿음을 세우려고 말씀에 하루에 한 시간 이상을 쏟을 것입니다. 그러나 그들은 바로 그날 드라마와 TV 프로를 두세 시간 시청하거나 신문의 모든 부정적인 기사를 꼼꼼히 읽음으로써 믿음을 씻어버립니다. 그들은 하나님의 말씀과 완전히 반대되는 생각과 태도와 개념 등의 모든 오물이 세상으로부터 나와서 자신에게 흘러들어오도록 허락하면서도, 왜 자신의 믿음이 작동하지 않는지 의아해합니다.

당신은 거대한 믿음이 필요치 않습니다. 당신은 그저 다른 모든 것에 의해 효과가 상쇄되지 않는 순수한 믿음만이 필요할 뿐입니다.

스미스 위글스워스는 어떻게 해서 믿음이 불신에 오염되지 않는 자리에 이르게 되었을까요? 그는 하나님의 말씀 외에는 그 어떤 것에도 초점을 맞추기를 거부함으로써 불신을 대적하였습니다.

어느 날 레스터 섬럴[16]이 스미스 위글스워스의 집 문을 두드렸습니다. 그는 들어가서 방문해도 되는지 위글스워스에게 물었습니다. 위글스워스는 섬럴에게 들어오되 팔에 끼고 있는 신문은 밖에 놓고 들어와야 한다고 말했습니다. 위글스워스는 신문을 한 번도 본 적이 없을 뿐만 아니라, 다른 사람이 신문을 그의 집으로 가지고 들어오지도 못하게 했습니다.

어떤 사람들은 "그것은 지나치게 편협한 생각입니다."라고

---

16) 레스터 섬럴Lester Sumrall : 기독교 TV의 "아버지"로 여겨지는 20세기의 세계적으로 유명한 목사요, 복음전도자요, 저술가이다. 그의 국제사역은 오늘날도 사람들에게 영향을 끼치고 있다.(저자 주)

말합니다. 글쎄요, 그럴 수도 있습니다. 나는 신문이 몇 가지 좋은 점도 있다는 것에 동의합니다. 수년간 나는 설교의 요점을 증명하기 위해 몇몇 신문 기사를 사용한 적이 있습니다. 스미스 위글스워스는 삼십오 년 넘게 사역하면서 설교에 써 먹을 수 있는 좋은 예화 몇 가지를 놓쳤을 수도 있습니다. 그러나 그는 불신이 들어오도록 문을 열어 줄 수천 가지의 나쁜 것들도 놓쳤습니다. 당신이 중요한 것에 열중하게 되면 이 정도는 감수해야 합니다.

아브라함은 생각하지 않았다

아브라함이 하나님을 어떻게 믿었는지에 주목해봅시다.

그가 소망이 없는데도 소망 가운데서 믿었으니 "네 씨가 그렇게 되리라."고 말씀하신 대로 많은 민족들의 아비가 되게 하려 하심이라. 그가 믿음이 약해지지 아니하여 약 백 살이 되고서도 자기 몸이 이제 죽은 것으로 생각지 아니하고 또 사라의 태도 죽은 것으로 생각지 아니하였느니라. 그는 믿음 없음unbelief;불신으로 인하여 하나님의 약속을 의심하지 아니하였고 오히려 믿음에 견고하여져서 하나님께 영광을

돌리며 약속하신 그것을 또한 이루실 것이라고 확신하였느
니라 롬 4:18-21, 한글킹제임스

위의 성경 구절은 아브라함이 자기의 몸이 죽은 것으로 생각하지 않았기 때문에 믿음이 약해지지 않았다고 계시합니다. 아브라함에게는 크고 거대한 믿음이 있었던 것이 아니라, 불신으로 무효화되거나 상쇄되지 않는 믿음이 있었던 것입니다. 간단히 말해, 아브라함은 하나님께서 말씀하신 것과 반대되는 그 어떤 것도 생각하지 않았습니다.

히브리서 11장은 아브라함에 대해서 다음과 같이 말씀합니다.

그들이 나온 바 본향을 생각하였더라면 돌아갈 기회가 있었으려니와 히 11:15

아브라함과 사라가 하나님께 순종하면서도 한편으로 두고 온 고향 생각이 그들 마음에 가득 했더라면, 그들은 되돌아가려는 유혹을 받았을 것입니다. 다른 말로 하면, 당신의 유혹은 당신이 무슨 생각을 하느냐와 연결되어 있다는 말입니다.

당신은 그 사실을 깨달아야 합니다. 당신이 그것을 깨닫고 적용한다면, 당신의 삶은 변할 것입니다. 당신은 당신이 생각

하지 않는 것에 유혹 받을 수 없습니다. 당신은 어떤 것에 대해 먼저 생각해야만 그것에 유혹 받을 수 있습니다. 따라서 당신이 불신을 생각하지 않는다면 불신에 유혹 받을 수 없습니다. 우리는 다른 모든 사람들의 소리와 그들의 모든 불신에 귀를 기울이기를 멈추어야 합니다. 우리는 부정적 사고, 냉소주의, 반反하나님적이고 반反그리스도적인 이 세상의 정서에 주목하기를 그만두어야 합니다. 우리가 그런 생각에 귀를 기울이지 않았다면 하나님을 불신하려는 유혹을 받지 않았을 것입니다.

나는 오랜 기간 사역하면서 모든 전문직 가운데 가장 치유 받기 힘든 사람들이 의사와 간호사 및 의료 훈련을 받은 이들이라는 사실을 발견했습니다. 개인적으로, 나는 그 이유가 그들이 특정 방식의 가르침을 받았기 때문이라고 믿습니다. 의료 전문가들이 배운 모든 것이 악하다는 것은 아닙니다. 그런 내용이 그들에게 사실로 제시되고 각인되는 것은 정당합니다.

그들을 가르치는 사람들은 그들에게 다음과 같은 사실을 말해줍니다. "이 사람에게 종양이 있을 때 이런 일이 일어난다. 그 종양이 이 단계에 이르면 그 사람은 죽게 될 것이다." 그러나 그들은 절대 "그 사람이 하나님으로부터 온 치유를 받지 않는 한 말이다."라는 말로 끝내지 않습니다. 그들은 영적인 맥락에서 의학 훈련을 제시하지 않기에, 하나님께서 그 어떤 것도 극복하실 수 있음을 알려주지 않습니다. 그러므로 의학도들은 계속해서 다음과 같은 사실의 가르침을 받습니다. '종양이 이 단계에 있다면, 그 사람은 죽을 것이다. 그 사람은 여러 주 동안은 살 것이다. 그게 전부다. 치유할 수 없다.' 드디어 그들이 학교를 마칠 때가 되면, 그 가르침은 그들의 생각에 깊이 뿌리박히게 됩니다.

몇몇 의료 전문가들이 나에게 와서 치유를 받으려고 했던 적이 있었는데, 그들 자신도 자기가 왜 그렇게 치유받기 힘든 것인지 이해하지 못했습니다. 그 이유는 그들이 너무도 많은 불신의 가르침을 받아왔기 때문입니다. 그 불신의 가르침이 그들이 가진 작은 겨자씨만한 믿음을 무효화했던 것입니다.

14장

순수하고 강한 믿음
A PURE, STRONG FAITH

마태복음 17:20에서 예수님은 "자, 너희의 문제는 믿음이 아니다. 너희의 문제는 불신이다."라고 말씀하고 계셨던 것입니다. 마태복음 17장의 기사와 병렬을 이루는 마가복음 9장의 기사는 다음과 같이 말씀합니다.

> 이에 데리고 오니 귀신이 예수를 보고 곧 그 아이로 심히 경련을 일으키게 하는지라 그가 땅에 엎드러져 구르며 거품을 흘리더라 막 9:20

개인적으로 나는 이 부분이 제자들의 불신의 원인이었다고 믿습니다. 당신이 간질 발작을 본 적이 있다면, 특별히 그 사람이 토하거나 혀가 말려들어가기 시작하는 것을 보았다면 그것이 아주 무서운 경험이 될 수도 있음을 아실 것입니다. 그것은 소름끼치는 광경입니다. 나는 무정하고 잔인하려고 애쓰고 있는 것은 아니지만, 나도 전에 그 광경을 본 적이 있습니다. 그 광경은 당신의 머리털을 곤두서게 할 수 있습니다.

제자들에게는 믿음이 있었습니다. 그들은 다른 귀신들이 쫓겨나고 사람들이 치유되는 것을 보았지만, 이때 그들이 이 소년을 위해 기도해주자 귀신들이 물리적으로 나타났습니다. 예수님이 이 소년에게 사역하였을 때에도 똑같은 일이 일어났습니다. 차이는 예수님에게는 그분의 믿음을 상쇄하는 불신이 제로 상태였다는 것입니다. 그리하여 예수님은 가서 능히 고칠 수 있으셨습니다. 하지만 제자들은 불신으로 반응했으며, 그것이 그들의 믿음을 무효화한 것이었습니다. 그 결과, 그들은 주님께 "우리가 그 귀신을 쫓아낼 수 없었던 이유가 무엇입니까? 우리는 믿었다는 것을 압니다. 우리는 전에는 귀신이 쫓겨나가는 것을 본 적이 있습니다. 하지만 어찌하여 이번에는 그렇게 되지 않았을까요?"라고 물었습니다. 예수님은 그들에게 말씀하셨습니다. "너희의 불신 때문이다. 너희의 불신이 너희의 믿음을 무효화하고, 취소시키며, 상쇄하였다."

그런 다음, 예수님은 계속해서 마태복음 17:21에서 이렇게 말씀하셨습니다.

그러나 이런 종류[의 불신]는 기도와 금식에 의하지 않고는 나가지 아니하느니라고 하시더라 마 17:21, 한글킹제임스

대부분의 인기 있는 가르침이나 몇몇 잘못된 성경 번역과는 달리, 마태복음 17:21의 진정한 주제는 20절에 언급된 불신이지, 19절에 나온 귀신이 아닙니다. 어떤 사람들은 어떤 귀신들이 다른 귀신들보다 더 강하기 때문에, 당신이 그 귀신들을 쫓아낼 수 있으려면 기도하고 금식해야 한다고 가르칩니다. 이 부분에 대해 온갖 종류의 변주가 있지만, 그것은 마태복음 17:21이 말씀하는 바가 아닙니다. 당신이 주의 깊게 살펴본다면 앞 구절(20절)의 주제가 **귀신**이 아니라 **불신**이었음을 보게 될 것입니다. 제자들이 귀신을 쫓아내고 소년이 치유되는 것을 보지 못하게 했던 원인은 바로 불신이었습니다. 그리고 주님이 "이런 종류는 기도와 금식에 의하지 않고는 나가지 아니하느니라."라고 말씀하신 것을 미루어볼 때, 여러 다른 종류의 불신이 있는 것이 분명합니다.

마태복음 17:20의 "불신"을 "적은 믿음"으로 대체한 번역은 마태복음 17:21을 완전히 간과한 것입니다. 나는 그 번역을 성급하게 비판하려는 것은 아닙니다. 나는 많은 사람들이 내가 사용하는 킹제임스 성경을 좋아하지 않는다는 것을 알고 있습니다. 하지만, 나는 21절을 빼버린 번역의 성경은 좋게

여기지 않습니다. 당신은 좋은 번역 성경이 필요합니다. 마태복음 17:21과 마가복음 16:17-20이 들어있는지 당신의 성경책을 살펴보십시오.

세 종류의 불신

이것은 그저 저 자신의 이론에 지나지 않지만, 나의 말씀 공부와 사역 경험을 통해 볼 때, 세 가지 다른 종류의 불신이 있는 것 같습니다.

첫째, 무지ignorance로부터 오는 불신이 있습니다. 때로 사람들은 특별한 것이 아니라 지식의 부족 때문에 하나님께서 말씀하시는 것에 반대합니다. 그들은 잘 모르는 것일 뿐입니다. 그들은 하나님께서 당신이 건강하기를 원하신다는 것을 알지 못합니다. 그들은 전에 그 진리를 들어본 적이 없습니다. 무지한 것이지만, 그럼에도 불구하고 그것도 불신입니다.

첫 번째 종류의 불신인 무지를 극복할 수 있는 길은 사람들에게 진리를 말해주는 것입니다. 그들에게 하나님 말씀의 진리를 알려주십시오. 그들이 하나님의 말씀을 존중하며, 그분의 영에 민감하다면, 이런 종류의 불신을 극복하는 데 필요한 지식을 받게 될 것입니다.

두 번째 종류의 불신은 **잘못된 교리**wrong doctrine로부터 옵니다. 오늘날 많은 사람들이 잘못된 가르침을 받아왔습니다. 그들은 "하나님께서는 오늘날 기적을 행하지 않으신다. 치유는 오늘날 우리를 위한 것이 아니다. 그런 것들은 사도들과 함께 사라졌다."라는 말을 들었습니다. 그것은 맞는 말이 아닙니다. 그것은 하나님의 말씀이 가르치는 바가 아닙니다. 그럼에도 불구하고 그들은 그렇게 가르침을 받아 왔습니다.

이처럼 잘못된 가르침으로 인한 불신은 단순히 무지로 인한 불신보다는 더 어렵습니다. 우선 그들에게 있는 잘못된 교리를 반박하고, 그런 다음 진리를 가르쳐주어야 하기 때문입니다. 이런 종류의 불신을 고치는 해결책은 첫 번째 종류의 불신을 제거하는 해결책과 동일합니다. 하나 더 첨가된 것이 있다면, 그들을 앉게 한 다음 그들의 반론에 대응하는 것입니다. 처음 두 가지 종류의 불신을 제거하는 해답은 하나님 말씀의 진리를 받는 것입니다.

그 다음으로는 내가 **자연적인 불신**natural unbelief이라 부르는 세 번째 종류의 불신이 있습니다. 이는 하나님의 말씀과 반대되는 자연적인 정보로부터 오는 불신입니다. 당신이 누군가를 낫게 하기 위해 기도하는데 그가 죽은 듯이 나자빠진다면, 당신의 눈과 귀와 모든 감각기관은 "기도가 역사하지 않았어."라고 말할 것입니다. 그것은 꼭 무지나 잘못된 교리로 인한 것은 아닙니다. 그것은 다만 당신이 보고 맛보고 듣고 냄새 맡으며 느낀 것을 신뢰하도록 배워왔기 때문입니다. 몸이 더 이상 아프지 않도록 기도하지만 여전히 고통이 느껴진다면, 당신의 몸은 당신에게 자연적인 불신의 생각을 줄 것입니다. 그것은 마귀의 생각도 악한 것도 아닙니다. 당신의 오감은 마귀에게 속한 것이 아닙니다. 그것은 우리의 일상생활에서 중요한 위치와 기능을 지니고 있습니다.

당신의 육감을 계발하라

당신이 나를 태우고 어디론가 운전하고 있다면, 나는 당신이 믿음으로 운전하기를 원치 않습니다. 나는 당신이 눈을 뜨고, 교차로를 통과하기 전에는 다른 차가 오는지 안 오는지 알기를 원합니다. 그것은 잘못된 것도 아니고, 불신으로 행하는 것도 아닙니다. 그러나 하나님께서 그분의 말씀이나 영을 통해 무언가를 말씀하셨는데, 당신의 육체적인 감각들은 "그건 역사하지 않을 거야."라고 말한다면, 당신은 오감을 초월할 수 있어야 합니다. 하나님께서 당신에게 눈으로 보고 맛보고 듣고 냄새 맡으며 느낄 수 있는 것과는 반대되는 무언가를 원하실 때, 당신의 자연적인 오감은 당신의 믿음을 무효로 만들 불신의 생각을 제시할 수도 있습니다.

이것이 마태복음 17장에서 제자들에게 일어났던 일입니다. 그들은 기도하면서 믿고 있었던 결과와는 반대로, 귀신이 물리적으로 나타나는 것을 보았습니다. 그것이 그들을 두렵게 한 원인이었습니다. 그들의 오감은 믿음에 반대하는 불신의 생각을 전달해주었습니다.

내가 처음으로 사람이 죽은 자들로부터 살아나는 것을 본 것은 참으로 기적이었습니다. 그 방으로 들어갔을 때 나는 무슨 문제가 일어났는지 몰랐습니다. 나는 그가 죽었다는 것을 미처 알기 전에 그 사람 앞에 서게 되었습니다. 나는 그의 아내가 "오, 하나님, 에버트를 다시 살려주세요."라고 울부짖는 소리를 들었습니다. 그녀가 그렇게 말했을 때에야, 나는 처음으로 그 사람이 죽었다는 생각을 하게 되었습니다. 그녀의 기도를 들었을 때, 나는 그저 그 사람을 쳐다보고 이렇게 명했습니다. "에버트, 예수의 이름으로 명하노니 네 몸으로 돌아올지어다." 그러자 그 사람이 곧 바로 앉았습니다. 그것은 그렇게나 간단했습니다.

내가 죽어 있는 사람에 대해 삼십 분 정도 생각했더라면 훨씬 더 어려웠을 것입니다. 누군가 내게 무엇 때문에 기도하러 갈 것인지 말해주었더라면, 나의 생각은 아마도 나의 믿음을 무효화하고 상쇄시키기에 충분한 불신들을 떠올렸을 것입니다. 개인적으로 나는 내가 이 사람이 죽었다 살아난 것을 본 이유 중 하나가, 다른 어떤 것들을 생각할 시간이 없었기 때문이라고 믿습니다.

제자들은 귀신이 쫓겨나가고 사람들이 치유되는 것을 이미 본 적이 있습니다. 그러나 전에는 이처럼 귀신이 물리적으로 나타나는 것을 대면한 적이 없었던 것이 분명합니다. 따라서 그들은 이와 같은 불신에 유혹받을 만한 경우가 없었습니다. 하지만 이번 경우에는 그들이 기도했던 것과는 정반대의 물리적인 나타남이 있었고, 바로 그것이 그들이 불신의 생각을 하게 된 원인이었습니다. 이 사실을 알아차리신 예수님은 그들에게 "이런 종류의 자연적인 불신을 제거할 수 있는 유일한 길은 금식과 기도를 통해서이다."라고 알려주셨습니다. 이는 단지 더 많은 말씀을 공부하는 것의 문제는 아닙니다. 당신은 하나님의 임재 안으로 들어가 당신 자신을 새롭게 하여 당신의 육감六感, 즉 믿음을 계발해야 합니다.

금식과 기도

금식과 기도는 중요합니다. 당신에게는 오감, 즉 보고 맛보고 듣고 냄새 맡으며 느낄 수 있는 감각이 있습니다. 이 감각

중 어느 하나가 손상되더라도, 예를 들어 눈이 멀더라도 당신은 여전히 이곳저곳을 돌아다닐 수 있을 것입니다. 당신은 다만 청각과 촉각과 같은 남은 감각들에 더 의존해야 합니다. 당신은 주변에 무슨 일이 일어나고 있는지 귀를 기울이며, 걸어갈 때는 지팡이를 두드려서 지면의 변화를 감지해야 합니다. 그래도 당신은 이곳저곳을 돌아다니고 걸어 다닐 수 있지만, 시각 외에 다른 감각에 더 많이 의존해야만 합니다.

어떤 시각장애인들은 그들의 집이 어떻게 생겼고 모든 것이 어디에 있는지 기억합니다. 그들은 눈을 사용하지 않기 때문에 어두운 곳도 걸어 다닐 수 있습니다. 그들은 청각과 촉각을 주로 사용합니다. 즉 당신은 감각 중의 하나를 잃어도 다른 감각에 의존하여 보충할 수 있습니다.

하나님께서 당신을 치유하는 것이 그분의 뜻임을 말씀을 통해 계시하실 때 특별한 일이 일어납니다. 그러나 당신의 오감 전체는 "그것은 역사하지 않았어. 나는 아직도 고통을 느끼고 있어. 나에게는 아직 이러저러한 증상이 있어. 아직도 몸이 낫지 않은 그런 맛을 입에서 느낄 수 있어."라고 말할 것입니다. 당신의 오감 전체가 그것이 역사하지 않았다고 말하고 있다면, 당신은 그것이 역사했다고 말할 육감을 계발할 필요가 있습니다. 그 육감은 바로 믿음입니다.

당신은 당신에게 믿음이 있다는 것을 정말로 믿게 되는

정도에 이를 수가 있습니다. 그러면 그 믿음은 당신이 보고 맛보고 듣고 냄새 맡으며 느낄 수 있는 것만큼이나 당신에게 실재가 됩니다. 당신은 영적인 영역에서 시간을 보냄으로써 그렇게 됩니다. 그것이 바로 기도와 금식의 의미입니다.

금식이 하나님을 바꾸는 것이 아닙니다. 금식은 하나님을 움직이게 하지 않습니다. 금식과 기도는 귀신을 떠나게 하지 않습니다. 당신은 앞으로도 예수님께서 이미 이루신 것에 덧붙여 금식과 기도를 해야만 쫓겨나가는 귀신을 만나지는 못할 것입니다. 당신이 만난 귀신이 예수의 이름과 그 이름을 믿는 믿음에 반응하지 않았다면, 기도와 금식도 그것을 쫓아내지는 못할 것입니다. 믿음으로 하나님의 말씀과 예수의 이름을 말하는 것만으로도 어떤 귀신이든지 처리하게 될 것입니다. 그러므로 당신의 금식과 기도가 하나님을 움직이는 것이 아닙니다. 마귀를 움직이는 것도 아닙니다. 금식과 기도는 당신을 움직입니다. 당신에게 영향을 끼칩니다.

식욕은 당신의 육신 가운데 가장 강한 욕구 중 하나입니다. 당신이 금식을 통해 육신을 부인하면, 육신은 먹고 싶기 때문에 일어나 반항할 것입니다. 당신의 육신은 제멋대로 하고 싶어 하고 보살핌을 받고 싶어 합니다. 당신이 육신을 향해 "안 돼! 사람은 떡으로만 먹고 사는 것이 아니라 하나님의 입에서 나오는 모든 말씀을 먹고 사는 거야."(마 4:4, 눅 4:4)

라고 말한다면, 나는 육신이 반항할 것이라 장담할 수 있습니다. 당신은 금식 첫날 정오쯤에 이르면 죽을 것 같다는 생각이 들지 모르지만, 그 생각은 틀린 것입니다. 당신이 참고 견디면, 잠시 후에 당신의 몸과 감각은 배우기 시작할 것입니다. 당신의 몸과 감각은 "이봐, 나는 정오에 죽지 않았어."라고 말할 것입니다. 실제로 금식한 지 사흘 정도가 지나면 당신은 더 이상 배고프지 않은 지점에 도달하게 될 것입니다.

당신이 아직 이런 체험을 하지 않았을 수도 있지만, 이것은 사실입니다. 당신은 문자 그대로 당신의 오감을 통제할 수 있으며, 그러면 당신은 "이봐, 나는 굶어 죽기는 싫어. 그래, 이 믿음이라는 것은 실재야."라고 인정하기 시작할 것입니다. 진정으로 당신은 음식만이 아니라 하나님으로 말미암아 지탱할 수 있습니다. 당신은 육신에게 그 사실을 가르칠 수 있습니다.

그렇게 되었을 때 당신이 당신의 몸을 향해 "너는 예수의 이름으로 치유된다."라고 말하면, 당신의 육신은 "나는 아직도 아픈데."라고 대답할 수도 있지만, 육감은 "나는 치유되며 그 사실을 믿는다. 그래, 나는 전에도 이것을 경험한 적이 있다."라고 말합니다. 그러나 당신이 금식하고 기도하며 하나님의 임재 가운데 머물러 있는 시간을 보내지 않았다면, 당신의 몸은 "아니야, 나는 아직도 아파."라고 말할 것입니다. 그래서 당신이 "몸아, 너는 명령에 따르라." 라고 말하면, 당신의 육신은

"내게 이래라 저래라 말하는 너는 누구냐? 언제 먹을지, 무엇을 먹을지, 얼마나 먹을지 말하는 건 나다."라고 대답할 것입니다. 육신은 마치 버릇없는 개구쟁이와 같습니다. 그러나 당신은 선(하나님과 그분의 말씀)과 악(하나님과 그분의 말씀과 반대되는 것)을 분별하도록 당신의 감각들을 훈련할 수 있습니다.

> 단단한 음식은 장성한 자의 것이니 그들은 지각을 사용함으로 연단을 받아 선악을 분별하는 자들이니라 히 5:14

당신은 스미스 위글스워스와 같은 사람들이 살았던 지점에 도달하여, 당신의 생각, 감정, 감각, 환경이 말하는 자연적인 것보다, 믿음이 말하는 것에 더 많이 귀를 기울일 수 있습니다. 그렇게 할 때 당신에게서 불신은 점점 줄어들 것입니다.

믿음의 똑같은 분량

로마서 4장에 따르면, 불신의 수준에 의해서 당신에게 약한 믿음이 있다 아니면 강한 믿음이 있다고 말하는 것이 성경적으로 더 정확합니다.

그가 백 세나 되어 자기 몸이 죽은 것 같고 사라의 태가 죽은 것 같음을 알고도 믿음이 약하여지지 아니하고 믿음이 없어 하나님의 약속을 의심하지 않고 믿음으로 견고하여져서 하나님께 영광을 돌리며 약속하신 그것을 또한 능히 이루실 줄을 확신하였으니 롬 4:19-21

당신이 하는 행동이 당신에게 믿음과 불신이 얼마나 뒤섞여 있는지를 설명합니다. 당신에게 불신이 많다면 당신의 믿음은 약합니다. 당신에게 불신이 적다면, 당신의 믿음은 강합니다. 그것이 적절한 묘사입니다. 다른 한편, 작은 믿음과 큰 믿음은 사실상 적절치 않은 표현입니다. 진리는 우리 모두가 하나님의 아들의 믿음을 이미 받았다는 사실입니다.

…오직 하나님께서 각 사람에게 나누어 주신 믿음의 분량대로… 롬 12:3

사람이 의롭게 되는 것은 율법의 행위로 말미암음이 아니요 오직 예수 그리스도를 믿음[예수 그리스도의 믿음]으로 말미암는 줄 알므로 우리도 그리스도 예수를 믿나니 이는 우리가 율법의 행위로써가 아니고 그리스도를 믿음으로써by the faith of Christ:그리스도의 믿음으로써 의롭다 함을 얻으려 함이라 율법의 행위로써는 의롭다 함을 얻을 육체가 없느니라 … 내가 그리스도와 함께 십자가에 못 박혔나니 그런즉 이제는 내가 사는 것이 아니요 오직 내 안에 그리스도께서 사시는 것이라 이제 내가 육체 가운데 사는 것은 나를 사랑하사 나를 위하여 자기 자신을 버리신 하나님의 아들을 믿는 믿음 the faith of the Son of God;하나님의 아들의 믿음 안에서 사는 것이라 갈 2:16, 20

이 중요한 기초 진리를 더 자세히 공부하려면, 나는 당신이 "하나님의 믿음The Faith of God"이라는 나의 가르침을 살펴보기를 추천합니다. 이 가르침은 단일 메시지의 형태나 또는 나의 책 『영·혼·몸』의 세 번째 장에서도 찾아볼 수 있을 것입니다.

거듭난 모든 그리스도인에게는 예수님과 정확히 똑같은 양과 질의 믿음이 있습니다. 당신에게는 믿음의 문제가 없습니다. 당신에게 있는 문제는 불신입니다. 우리는 더 큰 믿음을 세우려고 애쓰기보다는 불신을 키우는 짓을 그만두어야 합니다. 우리는 우리 삶에 불신의 원천을 꺼버리고 불신을 굶겨야 합니다. 우리는 영적인 세계에서 하나님과 그분의 말씀의 진리를 생각하며 많은 시간을 보냄으로써, 그런 불신은 생각조차 않는 지점에 도달해야 합니다.

본인이 백 살이고 아내 역시 구십 세라는 사실마저도 생각지 않는 아브라함처럼 됩시다. 아브라함은 아이를 갖게 되리라고 말씀하신 하나님의 약속만을 생각했습니다. 로마서 4:19은 아브라함이 자신의 몸이 지금 죽은 줄로 생각하지 않고, 사라의 태도 죽은 것으로 생각하지 않았다고 말씀합니다. 이로 인해 아브라함은 하나님의 약속에 대해 불신으로 흔들리지 않을 수 있었습니다.

승리의 열쇠

보통 치유 사역에 대해 사람들이 믿음이 없는 것이 아닙니다. 어떤 사람들에게는 믿음이 없기도 하지만, 대부분의 사람들에게는 믿음이 있습니다. 하지만 사람들에게는 불신도 있습니다. 따라서 그들의 믿음은 약합니다. 즉 그들의 믿음은 불신에 의해서 무효화되고, 취소되며, 상쇄됩니다. 그 이유는 그들이 하나님의 임재 가운데 시간을 보내지 않았기 때문입니다. 그들은 세상에 너무나 익숙하기 때문에 불신을 생각하고 있습니다. 그들은 "독감 계절이군. 모든 사람이 독감에 걸리지." 또는 "내 아버지도 나를 공격하는 이 질병 때문에 돌아가셨어."라고 생각하고 있습니다. 그들은 이 모든 자연적인 것을 숙고하고, 깊이 생각하고 또 생각합니다. 그리하여 바로 그 불신이 그들의 믿음을 무효화합니다.

그러므로 그리스도인의 삶에서 승리의 열쇠는 거대한 믿음을 갖는 것이 아니라, 비록 겨자 씨 한 알 크기의 믿음일지라도 단순하고 순수하며 어린아이와 같은 믿음, 곧 불신에 의해 상쇄되지 않는 믿음을 갖는 것입니다. 당신을 반대방향으로 끌어당기는 불신의 굴레로부터 벗어나서, 겨자 씨와 같은 작은 믿음이 당신을 승리로 이끌게 해야 합니다.

어떤 사람들은 사람들이 치유되지 못하는 유일한 이유가 그들에게 믿음이 없기 때문이라고 생각합니다. 그런 생각은 "아닙니다. 이 사람은 하나님을 사랑합니다. 그들은 위대한 믿음의 사람입니다."라고 주장하려는 다른 사람들의 기분을 상하게 합니다. 그들은 "치유하는 것이 하나님의 뜻일 리가 없어."라고 말하며 당신의 비판을 즉시 묵살해 버릴 것입니다. 하지만, 이제 당신은 사람들이 치유되지 못하는 데에는 믿음이 전부가 아니라는 사실을 압니다. 당신은 믿음도 있고, 하나님을 사랑하며 위대한 사람일 수 있지만, 반대방향으로 당신을 끌어당기는 불신을 아직 가지고 있을 수도 있습니다.

당신의 불신을 굶기십시오. 당신의 겨자 씨 같이 작은 믿음이 당신으로 하여금 필요한 것은 무엇이나 충분히 성취할 수 있을 만큼 주님과 그분의 말씀에 한마음을 품는 경지로 이르십시오. 불신은 마치 거머리와 곰팡이처럼 취급되어야 합니다. 당신 자신을 위해 일주일 정도 따로 시간을 내십시오. 금식하고 기도하면서 주님께 당신의 관심의 초점을 두면, 당신의 불신은 심각한 타격을 받을 수 있습니다. 그렇다고 해서 하나님께서 당신에게 더 많은 능력을 주시는 것이 아닙니다. 다만 당신을 반대방향으로 끌어당기는 불신을 감소시킴으로써, 당신의 믿음이 훨씬 잘 역사하도록 할 뿐입니다. 그것이 좋은 소식입니다!

하나님께서는 당신이 건강하기를 원하신다는 진리를 당신이 믿을 때, 당신이 해야 할 일은 오직 당신의 믿음이 바라던 결과를 내기 시작할 때까지 불신을 굶기는 것입니다.

15 장

법칙의 지배를 받다
GOVERNED BY LAW

이제까지 우리는 치유가 그리스도의 속죄에 속한 일부라는 사실을 배웠습니다. 치유가 그리스도의 속죄에 속한 일부라는 말은 치유가 선택사항이 아니라는 의미입니다. 그것은 이미 공급된 것입니다. 주님께서는 우리에게 죄 사함을 보류하지 않으셨듯이 치유 역시 보류하지 않으셨습니다. 우리 주 예수 그리스도의 단 한 번의 속죄가 우리의 죄를 용서하셨을 뿐만 아니라 우리의 몸도 치유하셨습니다.

우리는 이처럼 우리의 치유가 이미 완성되었다는 태도를 가져야 합니다. 우리가 죄에 대적하는 만큼만 치유를 얻기 위해 싸웠더라면 치유받는 사람들의 숫자는 괄목할 정도의 차이를 보였을 것입니다. 하지만 많은 사람들은, 치유 문제만 나오면 수동적이 됩니다. 그들은 "주님, 주님의 뜻이라면, 저를 고쳐주세요."와 같은 기도를 합니다. 말씀이 다음과 같이 말하기 때문에 그것은 아주 부정확한 기도입니다.

> 사랑하는 자여, 무엇보다도 네 혼이 잘됨 같이 네가 번성하고 강건하기를 바라노라 요삼 1:2, 한글킹제임스

여기에서 "바란다wish"라는 말은 그것이 하나님의 뜻이라는 의미입니다. 우리를 향한 하나님의 뜻은 우리가 건강하게 지내는 것입니다. 이처럼 하나님의 말씀에 명백하게 나타나 있는 그분의 뜻을 본다면, 더 이상 "하나님의 뜻이라면"이라고 기도할 이유가 전혀 없습니다. 이는 치유를 자기 것으로 삼는 것의 문제, 즉 믿음으로 손을 뻗어서 취하여 받는 것의 문제입니다. 치유가 온전히 나타나도록 믿음으로 서 있는 것입니다. 우리는 하나님께서 우리에게 주신 것을 받는 데 공격적이어야 하고, 적극적으로 싸워야 합니다. 우리는 예수님께서 우리에게 이미 공급하신 것을, 세상이나 육신이나 마귀가 부인하지 못하도록 해야 합니다.

생명과 평안

병은 절대로 축복이 아닙니다. 하나님의 말씀은 아주 분명합니다. 우리는 일찍이 신명기 28:1-14에서 하나님께서 복으로 여기시는 것의 목록과 신명기 28:16-68에서 하나님께서 저주로 여기시는 것의 목록을 보았습니다. 병과 질병은 언제나 저주입니다. 종교가 나타나서 병이 사실은 하나님께서 보내신 축복이라고 가르치는 것은 하나님의 말씀이 말하는 바를 왜곡하는 것입니다.

그렇습니다. 구약에서는 주님이 병으로 어떤 사람들을 치기도 하셨습니다. 하지만 옛 언약과 새 언약 사이에는 어마어마한 차이가 있습니다. 새 언약에서는 하나님께서 사람들을 병으로 치지 않으십니다. 그러나 기억하십시오. 율법 아래서도 병은 언제나 저주였지, 결코 축복이 아니었습니다. 그런데 그리스도께서는 신명기 28:16-68에 열거된 모든 것을 포함하여 율법의 저주로부터 우리를 속량하셨습니다.

대부분의 사람들이 치유되지 못하는 이유는 이러저러한 형태의 불신 때문입니다. 불신은 믿음을 상쇄시키는 정반대의 힘입니다. 대부분의 사람들은 믿음을 구축하고 증가시키려고 애쓰지만, 정작 그들의 불신의 양에 대해서는 아무것도 하지 않습니다. 그들은 참으로 믿음과 불신이 정반대의 힘이라는 사실을 이해하지 못합니다. 예수님은 마태복음 17:20에서 우리가 모든 것을 하는 데 필요한 전부, 예컨대 산이 바다에 던져지는 것을 보기 위해서 필요한 전부가 겨자씨 한 알 분량의 믿음이라고 말씀하셨습니다.

우리에게 문제는 믿음이 아닙니다. 실세로 우리에게 문제가 되는 것은 불신입니다. 우리는 우리의 믿음과 맞서 전쟁을 벌이고 있는 온갖 종류의 생각, 태도, 느낌, 감정에 노출되어 있습니다. 강한 믿음을 가지려면, 우리는 우리의 초점을 세상만이 아니라 하나님의 말씀, 특히 치유 분야에 관한 하나님의 말씀과 반대되는 모든 것으로부터도 떼어냄으로써 우리 삶 속에 있는 불신의 양을 줄여야 합니다. 우리는 부정적인 모든 보고에 귀 기울이는 것을 멈추고 하나님의 말씀에 초점을 맞추어야 합니다. 우리의 모든 생각이 영적인 생각이 되면, 우리가 얻게 될 모든 것은 생명과 평안입니다(롬 8:6).

일관되고 보편적인

하나님의 왕국은 법칙으로 작동하며, 믿음도 그러합니다. 신성한 건강 가운데 살기 위해서는 반드시 이 진리를 이해해야 합니다.

나는 「기적을 받는 법How to Receive a Miracle」과 『당신은 이미 가졌습니다!』에서 이 진리만이 아니라 이 진리가 치유에 어떻게 적용되는지를 보다 심층적으로 다루고 있습니다. 당신에게 그 책들의 일독을 권합니다.

법칙은 일관되고 보편적인 것입니다. 당신이 어디를 가나 항상 동일하며, 절대로 변동하지 않습니다. 그 기준에 맞지 않는 것은 어떤 것이라도 법칙이 아닌 현상에 지나지 않습니다. 중력을 예로 들어봅시다. 중력은 법칙입니다. 우리는 그것을 중력의 법칙이라 부릅니다. 중력의 법칙은 늘 일관됩니다. 항상 작용합니다. 당신이 어디를 가든지 상관없이 항상 동일합니다. 중력이 미국에서만 작용하고, 유럽이나 아프리카나 아시아에서는 무중력 상태였다면, 중력은 하나의 현상이지 결코 법칙은 아니었을 것입니다. 중력이 어떤 때만 나타나고 다른 때에는 무중력 상태였다면, 중력은 하나의 현상이었을 것입니다. 그러므로 어떤 것이 일관되고 보편적이라는 말은 그것이 법칙이라는 뜻입니다.

하나님께서는 이 세상만이 아니라 이 세상을 지배하는 법칙도 창조하셨습니다. 중력의 법칙만이 아니라, 전기와 관성과 같은 법칙들도 있습니다. 관성의 법칙은 우리에게 어떤 물체가 움직이고 있을 때 계속 움직이려는 성질이 있음을 알려줍니다. 하나의 관성이 구축되면, 그것을 극복하기 위해 시간과 노력이 필요합니다. 그래서 움직이는 자동차를 멈추기 위해서는 브레이크를 밟아야 하는 것입니다. 차가 멈추는 데 걸리는 시간은 당신이 차를 몰았던 속도와 차의 크기와 무게에 달려있습니다. 이것이 관성의 법칙입니다. 앉아 있어도, 관성의 법칙은 작용합니다. 관성은 당신에게 맞서서 작용합니다. 그래서 정지 상태에 있는 자동차의 시동을 걸어서 속력을 내려면 시간이 걸립니다. 그러나 일단 자동차가 굴러가기 시작하면, 당신은 별로 거칠 것이 없이 운전할 수 있습니다. 요컨대, 이는 여러 다양한 법칙들의 몇 가지 예에 불과합니다.

하나님께서는 자연적인 법칙과 영적인 법칙을 창조하셨기에, 그 법칙들을 침해하지 않으십니다. 이 진리는 치유에도 고스란히 적용됩니다.

우리의 유익을 위해 정해진 것이다

나는 영적인 영역이 법칙의 지배를 받는다는 사실을 쉽게 이해하지 못하는 사람들과 계속해서 대화를 합니다. 그들은 하나님의 왕국이 법칙의 지배를 받는다는 사실을 이해하지 못합니다. 솔직히 그들은 주님이 원하시는 것은 무엇이나 그냥 하신다고만 생각합니다.

많은 사람들은 가족 중 누군가가 죽었을 때 하나님께 화를 냅니다. 그들은 이렇게 말합니다. "하나님께서 이 사람을 치유하지 않으신 이유가 무엇입니까? 하나님께서 원하셨다면 치유하셨을 텐데요." 그들은 하나님의 왕국을 지배하는 법칙이 있다는 사실을 이해하지 못합니다.

물리적인 영역에서 중력의 법칙은 높은 건물의 가장자리를 걸어가는 사람에게도 적용됩니다. 하나님께서는 그 사람이 죽기를 원치 않으십니다. 하나님께서는 사실 우리 삶에 긍정적인 힘이 되도록 중력을 창조하셨습니다. 바로 지금, 나는 의자에 앉아있습니다. 나는 내 자신을 끈으로 붙들어 매거나 잡아둘 필요가 없습니다. 나는 바닥에 나사로 고정되어 있을 필요가 없습니다. 왜냐하면 중력이 작용하고 있기 때문입니다. 하지만 건물 십층에서 밖으로 걸어가려 한다면, 우리는 우리를 이롭게 하려고 정해진 그 법칙으로 인해 죽을 것입니다. 하나님께서는 우리에게 해를 끼치려고 중력을 창조하신 것이 아닙니다. 하나님께서는 우리가 이 지구라는 행성에서 기능하는 것을 도와주려고 중력을 만드셨습니다. 온 세상이 그런 식으로 기능하고 있으며, 그것은 좋은 일입니다. 그러나 누군가 하나님께서 창조하신 법칙을 어긴다면, 예컨대 건물의 고층에서 밖으로 걸어가려고 한다면, 하나님께서 우리를 이롭게 하려고 정하신 바로 그 힘에 의해서 우리가 죽게 될 것입니다.

어떤 사람들은 주님이 원하신다면 그것을 멈추게 하실 수 있을 것이라 주장합니다. 하지만 하나님께서는 그 법칙들을 바꾸지 않으십니다. 그것은 그분의 본성이 아닙니다. 하나님께서 이 법칙들을 원창조the original creation의 일부로 창조하시면서 "매우 좋다"라고 말씀하셨습니다(창 1:31). 중력에 잘못된 것은 전혀 없습니다. 문제는 중력에 있는 것이 아닙니다. 문제는 이 법칙을 어기는 사람들에게 있습니다. 하나님께서 한 생명을 구하기 위해서 중력의 법칙을 일시 중지시켰을 경우, 그로 인해 생명을 잃게 될 알지 못하는 수백만 명을 생각해 보십시오. 중력에 의존하여 도로에서 자동차를 운전 중인 사람들은 갑자기 통제를 잃게 되고, 그 결과 다른 차와 건물을 향해 돌진하게 될 것입니다. 하나님께서 건물에서 떨어지는 한 사람의 목숨을 구하려 하시면 수백만의 사람들이 죽었을 것입니다. 중력은 그런 식으로 작용하지 않습니다.

법칙은 일관된 것입니다. 법칙은 요동하지 않습니다. 하나님께서는 자연법칙을 침해하지 않으십니다. 마찬가지로, 영적인 법칙도 침해하지 않으십니다. 영적인 영역에도 법칙이 있으며, 이는 우리의 유익을 위해 정해진 것입니다. 주님께서는 사람들의 치유가 단지 그분의 기분에 의해 좌우되도록 설계하지 않으셨습니다. 믿음과 치유를 지배하는 법칙이 있습니다. 어떤 일들이 그런 식으로 일어나는 이유가 있습니다. 이런 법칙에 대해 무지한 것뿐 아니라, 이런 법칙이 있다는 진리 자체에 무지한 것 역시 치유를 받는 데 커다란 걸림돌이 됩니다. 심지어는 하나님의 왕국이 법칙의 지배를 받고 작동한다는 사실을 이해하는 사람일지라도, 각각의 법칙이 무엇인지를 알지 못하면 그 무지로 인해 치유에 방해를 받을 것입니다.

전기

전기는 하나님께서 지구를 창조하신 이후로 존재해왔습니다. 지구에는 자기장이 있으며, 공기 중에는 전기가 존재합니다. 춥고 건조한 날에 카펫 위를 지나서 문고리를 만지는 순간, 당신은 전기가 있다는 사실을 알 수 있습니다. 정전기가 당신에게 충격을 줄 것이기 때문입니다. 하나님께서 지구를 창조하신 첫 날 이후로 이와 같은 일들이 발생해왔습니다. 나는 한 번 내리치는 천둥 번개에 뉴욕시에 일 년 동안 전력을 공급하기에 충분한 양의 에너지가 있다는 말을 들었습니다.

하나님께서는 불과 수백 년 전에 인간에게 전기를 주겠다고 결정하신 것이 아닙니다. 그렇습니다. 전기는 처음부터 이 땅에 있어왔습니다. 그런데도 오늘날처럼 전기를 사용할 수 없었던 것은 전기에 대한 인간의 무지 때문이었습니다.

하나님께서 막으신 것이 아니었습니다. 인간이 전기를 지배하는 법칙을 깨닫고, 그 법칙과 협력하는 법을 배웠다면, 우리는 수천 년 전부터 전기의 유익을 누렸을 것입니다. 예수님과 제자들도 오늘날 우리가 사용하는 에어컨, 세탁기, 식기세척기를 사용할 수 있었을 것입니다. 잠재력은 항상 그곳에 있었습니다. 우리가 그 잠재력을 발휘하지 못했던 것은 우리의 무지 때문이었습니다.

마찬가지로, 지금 당장 발명하기를 꿈꾸는 것들이 있습니다. 많은 아이디어들이 오늘날 우리에게는 무리인 것처럼 들리지만, 모두 가능합니다. 하나님께서는 우리를 막지 않으십니다. 단지 법칙에 대한 무지가 우리를 막고 있을 뿐입니다. 우리는 여전히 발견하고 있는 중입니다. 그러므로 아직도 이루어져야 할 급진적인 많은 변화가 있습니다.

불과 수년 전에 일어났던 장거리 통신의 거대한 변화를 생각해 보십시오. 오늘날에는 거의 모든 사람이 휴대폰을 가지고 있습니다. 사실상 2,000년 전의 사람들이 휴대폰을 통해 말하지 못할 이유는 전혀 없었습니다. 휴대폰을 만들 수 있는 재료도, 그 기기가 작동하는 법칙도 태초부터 이 땅에 존재해 왔습니다. 하나님께서 막으신 것이 아니었습니다. 단지 우리가 그 법칙에 대해 무지했던 것입니다. 능력은 그곳에 있었지만, 우리가 그 능력을 작동시키는 법칙을 이해해야 했습니다.

우리는 이해하지 못하는 것들에 대해 두려움을 가집니다. 당신은 스위치를 올려서 불을 켜는 법은 알지만, 전기를 사용하는 데 필요한 모든 법칙을 알지는 못합니다. 전기는 사람을 죽일 수도 있으며, 그러므로 전기를 잘 모르는 사람들은 전기를 두려워합니다.

나는 개인적으로 전기를 완전히는 모릅니다. 전기공사를 할 때 나는 전기 차단함으로 가서 집안 전체의 전기를 차단합니다. 물론 꼭 그러지는 않아도 된다는 것을 압니다. 그러나 언젠가 전기 차단기를 하나만 내렸다가 마침 가까이 있던 전기 차단함이 내가 작업하던 것에 접지되어 있어서 감전되어 널브러진 일이 있었습니다!

언젠가 다른 때에는, 어떤 집의 욕실 개조를 도와주고 있었습니다. 나는 내부시설을 몽땅 교체하는 공사에 참여하고 있었기 때문에, 집안에 있는 모든 전기 차단함을 내리려고 했습니다. 그런데 어떤 남자가 들어와서 "전기 차단기를 내릴 필요가 없어요."라고 말하더니, 전기가 흐르고 있는 전선을 가지고 작업을 계속했습니다. 우리가 방금 전에 싱크대를 떼어냈기 때문에, 바닥에는 물이 고여 있었습니다. 그는 물이 있는 곳에 서서 전선을 가지고 작업을 했지만, 전혀 감전되지 않았습니다. 어떤 사람들은 '그건 불가능해!'라고 생각합니다. 그러나 당신이 방법을 안다면 할 수 있습니다. 나는 전기가

법칙의 지배를 받다 213

어떻게 작동하는지에 대해 그 사람만큼 충분한 지식이 없기 때문에, 그 사람에게는 없는 자연적인 두려움과 무능함을 갖고 있었습니다.

믿음의 법

영적인 세계도 마찬가지입니다. 어떤 사람들은 하나님의 능력 가운데 살 수 있지만, 다른 사람들은 그럴 수 없는 이유가 있습니다. 요컨대, 하나님의 말씀은 이 법칙이 무엇이며 또 하나님의 왕국이 어떻게 작동하는지를 우리에게 알려주는 그분의 설명서입니다.

> 그런즉 자랑할 데가 어디냐 있을 수가 없느니라 무슨 법으로냐 행위로냐 아니라 오직 믿음의 법으로니라 롬 3:27

위의 구절은 문맥상 은혜와 믿음 사이의 긴장 상태에 대해 말하고 있지만, 우리는 이 구절 마지막 부분에서 중요한 원리도 볼 수 있습니다. "믿음의 법the law of faith"이라는 용어에 주목하십시오.

믿음은 법칙의 지배를 받습니다. 그러므로 어떤 사람에게 치유가 필요할 경우, 이는 단지 하나님께 구하는 것의 문제가 아닙니다. 그렇다면 하나님께서 그 사람이 치유되는 것을 원하실 경우에만 그는 치유될 것입니다. 그러나 그렇지 않습니다. 치유가 역사하는 방법을 지배하는 법칙이 있습니다. 하나님의 능력이 역사하지 않는 것은 일차적으로 하나님의 법칙과 하나님의 왕국이 어떻게 작용하는지를 알지 못하는 우리의 무지 때문입니다. 대부분의 사람들은 하나님의 왕국이 법칙 위에 세워져 있고, 그 법칙은 일관되다라는 사실을 깨닫지 못합니다. 하나님은 변하지 않으십니다. 하나님께서는 사람들이 이 법칙을 알지 못한다고 해서 그분의 법칙을 손상하지 않으십니다.

많은 사람들이 누군가 죽거나 치유가 나타나지 않으면 하나님께 화를 냅니다. 그들은 '하나님께서 원하셨다면 나를 고쳐주셨을 텐데.'라고 생각합니다. 하나님은 확실히 능력을 가지고 계시지만, 그 능력은 그분의 법칙과 상관없이 흘러가는 것이 아닙니다. 믿음이 어떻게 역사하고, 또한 하나님의 능력이 어떻게 흘러가는지를 지배하는 영적인 법칙이 있습니다. 우리가 그 법칙을 알지 못하면 하나님의 능력을 가로막게 되며, 무지로 인해 우리는 아무것도 하지 못합니다.

어떤 사람들은 처음 이 진리를 들을 때 화를 냅니다. 그들은 "당신은 저를 비난하고 있군요!"라고 말합니다. 글쎄요,

제가 당신을 비난하는 것이라면, 저는 레오나르도 다 빈치도 비난했을 것입니다. 다 빈치는 그 당시에 천재로 알려졌습니다. 그는 실제로 우리가 만들어 낼 수 있는 능력을 가지기 수백 년 전에 이미 많은 것들을 발명했습니다. 예를 들어 사람들은 다 빈치의 설계를 기반으로, 전기 모터와 경량 물질처럼 그에게는 없었던 현대 기술을 적용하여 헬리콥터를 만들었습니다. 다 빈치는 1400년대에 살았지만 시대를 앞서 간 사람이었습니다.

다 빈치가 생각하고 설계했던 많은 개념과 계획은 그 당시에는 작동하지 않았습니다. 왜냐하면 그는 오늘날 우리가 알고 있고 가지고 있는 것을 손에 넣지 못했기 때문입니다. 그는 전기를 사용하지 못했습니다. 그는 전기 모터와 같은 것들의 유익을 누리지 못했습니다. 하지만 그는 천재였습니다. 나는 다 빈치는 멍청했다고 말하려고 그가 전기법칙을 알지 못했다는 점을 지적하는 것이 아닙니다. 나는 다만 그가 어떤 분야에서는 지식이 부족했다는 사실을 말하려는 것뿐입니다. 그는 오늘날 우리가 알고 있고 당연하게 받아들이는 몇 가지를 알지 못했습니다.

계속 성장하기

내가 많은 사람들이 하나님의 법칙에 대해 무지하다고 말하는 것은 누군가를 비난하거나 깎아내리기 위함이 아닙니다. 나는 다만 우리가 하나님의 왕국의 법칙을 몰라서 그 법칙에 협력하지 못하기 때문에, 하나님께서 주셨음에도 불구하고 받지 못하는 것들이 많다는 진리를 지적하고 있을 뿐입니다.

나는 말씀을 공부하다가 하나님의 왕국이 작동하는 방식을 지배하는 많은 법칙을 발견했습니다. 하지만, 나는 아직도 내가 이해하지 못하는 훨씬 더 많은 법칙들이 있다고 확신합니다. 그렇기 때문에 어떤 것들은 어떤 사람들보다 내게 더 잘 역사하지 못하는 것입니다. 나는 모든 것을 알지는 못하지만, 치유에 관해서는 내가 발견한 법칙과 원리를 최소한 백 가지는 말해줄 수는 있을 것 같습니다. 그러나 내가 '모든' 사람이 아닌 '많은' 사람들이 치유되는 것을 보고 있는 한, 아직도 알지 못하는 다른 법칙들이 있습니다. 나는 이 분야에서 계속 성장하고 있으며 일하고 있습니다.

16장

영의 세계
THE SPIRITUAL WORLD

혈루증을 앓는 여인의 기사는 치유에 관한 몇 가지 영적인 법칙을 생생하게 설명해 줍니다. 이는 모든 것을 포괄하는 목록은 아니지만, 논의를 시작하기에는 대단히 좋은 지점입니다.

열두 해를 혈루증으로 앓아 온 한 여자가 있어 많은 의사에게 많은 괴로움을 받았고 가진 것도 다 허비하였으되 아무 효험이 없고 도리어 더 중하여졌던 차에 예수의 소문을 듣고 무리 가운데 끼어 뒤로 와서 그의 옷에 손을 대니 이는 내가 그의 옷에만 손을 대어도 구원을 받으리라 생각함일러라 이에 그의 혈루 근원이 곧 마르매 병이 나은 줄을 몸에 깨달으니라 예수께서 그 능력이 자기에게서 나간 줄을 곧 스스로 아시고 무리 가운데서 돌이켜 말씀하시되 누가 내 옷에 손을 대었느냐 하시니 제자들이 여짜오되 무리가 에워싸 미는 것을 보시며 누가 내게 손을 대었느냐 물으시나이까 하되 예수께서 이 일 행한 여자를 보려고 둘러 보시니 여자가 자기에게 이루어진 일을 알고 두려워하여 떨며 와서 그 앞에 엎드려 모든 사실을 여쭈니 예수께서 이르시되 딸아 네 믿음이 너를 구원하였으니 평안히 가라 네 병에서 놓여 건강할지어다 막 5:25-34

위의 성경 구절은 우리에게 하나님의 왕국이 어떻게 법칙에 따라 작동하는지를 보여줍니다. 혈루증을 앓는 여인이 예수님의 옷자락을 만졌을 때, 예수님께서는 덕, 곧 능력이 자기에게서 나간 것을 느끼셨습니다. 그래서 그분은 "누가 내 옷에 손을 대었느냐?"라고 물으셨습니다. 그러자 제자들은 즉시 "무리가 에워싸 미는 것을 보시며 누가 내게 손을 대었느냐 물으시나이까?"라고 말했습니다. 다시 말해 사람들의 무리가 그냥 어쩌다가 예수님과 부딪히는 상황이 아니었다는 것입니다. 그들은 그분 안에 있는 능력과 덕을 인정했기 때문에 그분을 만지려고 시도하였습니다. 따라서 많은 사람들이 그분을 만지고 있었던 것입니다. 제자들은 "누가 내게 손을 대었느냐 물으시나요? 모든 사람이 주님을 만지고 있는데요."라고 말했습니다. 그러나 예수님은 차이를 알 수 있으셨습니다.

"누가 내게 손을 대었느냐?"

어떤 사람들은 "누가 내게 손을 대었느냐?"라는 이 질문이 사실상 하나님의 편에서는 속임수가 있는 물음이었다고 생각합니다. 그들은 예수님이 하나님이셨기 때문에 모든 것을 아셨고 당연히 누가 그분께 손을 댔는지도 아셨다고 추측합니다. 그들은 예수님께서 이 여인으로 하여금 자발적으로 앞으로 나오게 하려고 이렇게 질문하셨다고 주장합니다. 그러나 그것은 사실이 아닙니다.

많은 사람들은 예수님께서 완전히 하나님이시면서 동시에 완전히 사람이시라는 이 진리를 이해하지 못합니다. 그분은 그분의 영으로는 100% 하나님이셨지만, 그분의 육체의 몸은 인간, 즉 죄가 없는 인간이셨습니다. 우리 주님은 스스로 인간의 몸을 입으셨습니다. 그래서 누가복음 2:52은 이렇게 계시합니다.

> **예수는 지혜와 키가 자라가며 하나님과 사람에게 더욱 사랑스러워 가시더라** 눅 2:52

예수님은 자라나고 배우셔야 했습니다. 그분은 영으로는 하나님이시기에 모든 것을 아셨습니다. 그러나 그분은 육체의 몸 안에 살고 계셨기 때문에, 그 육체의 몸은 배워야 했습니다. 그분은 모태에서 나올 때부터 히브리어를 말하거나 수학을 이해하거나 목수 일을 하셨던 것이 아닙니다. 예수님은 다른 아이들처럼 먹고 걷고 말하는 법을 배워야 하셨습니다. 그분은 죄가 없으셨지만, 인간이었기 때문에, 자라나야 하셨습니다.

예수님의 물리적인 영역은 제한이 있었습니다. 그분의 육체의 몸은 한 번에 한 장소에만 있을 수 있었으며, 지치기도 했습니다.

> 너는 알지 못하였느냐 듣지 못하였느냐 영원하신 하나님 여호와, 땅 끝까지 창조하신 이는 피곤하지 않으시며 곤비하지 않으시며 명철이 한이 없으시며 사 40:28

예수님께서 때때로 지치셨다고 해서 그분이 하나님이 아니신 것입니까? 아닙니다. 그분은 영으로는 하나님이셨지만, 육체의 몸은 한계가 있었습니다. 따라서 육체로 계신 예수님께서 "누가 내게 손을 대었느냐?"라고 물으셨을 때 그것은 정말로 누가 손을 대었는지 모르셨던 것입니다.

이미 승인되다

많은 사람들은 하나님께서 절대 주권적으로 눈감아 주실 뿐이라고 생각합니다. 누군가 치유를 받는 것은 그 사람이 요청하여 하나님께서 치유를 선사하셨기 때문이라는 것입니다. 그들은 하늘에 계신 하나님을 기도서류 더미가 어마어마하게 쌓인 책상 뒤에 앉아계신 분으로 그리고 있습니다. 그들의 청원이 올라가면, 하나님께서는 그 청원에 "승인" 아니면 "불가"라는 도장을 찍으신다는 것입니다. 그래서 누군가 치유를 받는다면 그 이유는 하나님께서 그에게 자비를 베푸셔서 그를 치유하셨기 때문이며, 그가 치유되지 않을 경우에는 하나님께서 무슨 이유에서든 그를 치유하지 않기로 결정하셨기 때문이라는 것입니다. 이런 태도가 "하나님께서 그 사람을 치유하지 않으신 이유가 무엇입니까? 저는 그 사람들을 위해 기도했습니다. 하나님께서는 그렇게 하실 수도 있었을 것입니다."라는 말에서 반복해서 나타납니다. 그들은 우리의 치유를 승인하거나 승인하지 않는 것은 하나님께 달린 일이라고 생각합니다. 그러나 하나님께서는 이미, 예수께서 등에 채찍을 맞으심으로 우리 모두의 치유를 승인하셨습니다. 이것이 진리입니다.

친히 나무에 달려 그 몸으로 우리 죄를 담당하셨으니 이는 우리로 죄에 대하여 죽고 의에 대하여 살게 하려 하심이라 그가 채찍에 맞음으로 너희는 나음을 얻었나니[과거 시제]

벧전 2:24

그리스도께서는 죽으심과 장사됨과 부활을 통해 모든 사람의 치유의 값을 이미 지불하셨습니다. 그분은 이미 "승인" 도장을 찍으셨습니다. 치유는 이제 하나님께 달려있지 않습니다. 우리의 믿음을 기능하도록 만드는 법칙이 있습니다. 우리가 이 법칙을 배우고 그 법칙을 실천하기 시작해야 그리스도께서 이미 주신 치유가 흘러갈 것입니다.

스위치를 켜라

자연 세계가 자연적인 법칙 위에서 작동하는 것과 마찬가지로, 영의 세계는 영적인 법칙 위에서 작동합니다.

전력회사는 전기를 발전하여서, 전선을 통해서 당신이 일하고 사는 곳으로 그것을 보냅니다. 하지만 당신은 불을 켜려고 전력회사에 전화를 걸어 "여기 불 좀 켜주실래요? 앤드류 워맥 씨가 오고 있는 중인데, 우리가 여기에서 오늘밤 집회를 가질 예정이에요."라고 요청하지는 않습니다. 당신의 필요나 갈망이 얼마나 강하든지 상관없습니다. 전력회사는 이미 해야 할 몫을 다 했기 때문입니다. 전력회사는 당신에게 전기를 공급했습니다. 이제 당신은 그 전기를 자유롭게 쓸 수 있습니다. 전력회사는 당신의 집에 누군가를 보내서 불을 밝히는 스위치를 켜게 하지 않을 것입니다. 그것은 그들의 일이 아닙니다. 그들의 일은 전기를 발전하여 당신에게 공급하는 것입니다. 그리고 당신 집에 불을 켜야 할 사람은 바로 당신입니다.

이는 영의 세계에도 마찬가지입니다. 하나님께서는 모든 사람을 위해 그분의 치유의 능력을 이미 공급하셨습니다. 예수님은 당신을 이미 치유하셨습니다. 그분이 채찍에 맞으심으로 당신은 이미 나았습니다(벧전 2:24). 당신이 거기에다 무언가를 더 하려고 기도하면서 하나님을 기다리고 있다면 이는 믿음을 지배하는 법칙을 어기는 것입니다. 당신은 하나님의 왕국과 협력하고 있지 않는 것입니다. 하나님께서는 치유를 이미 공급하셨습니다. 당신이 거듭난 그리스도인이라면, 당신 안에는 예수 그리스도를 죽은 자들로부터 살리신 똑같은 덕(능력)이 거합니다. 문제는 하나님께 있지 않습니다. 그분은 능력을 생성하여 당신이 쓸 수 있도록 거듭난 당신의 영에 넣어두셨습니다. 문제는 당신이 그 능력을 활성화해서 풀어놓아 나타내는 법을 배우지 못했다는 것입니다. 당신은 그 능력의 스위치를 켜서 불이 들어오게 하는 법을 아직 배우지 못했습니다. 당신은 믿음으로 하나님과 협력하고 있지 않습니다.

전력회사에 전화를 걸어서 누군가가 조명 스위치를 켜기 위해 당신의 집에 올 때까지 하루 종일 기다릴 수는 있지만, 전력회사는 그렇게 하지 않을 것입니다. 그러면 당신은 "전기가 작동하지 않아."라고 말할 수도 있을 것입니다. 그러나 그렇지 않습니다. 전기는 제대로 잘 작동합니다. 당신이 스위치를 켜는 법을 모를 뿐입니다.

능력은 흐를 것이다

치유는 역사합니다. 예수님은 모든 사람을 이미 치유하셨습니다. 그분은 치유의 능력을 이미 풀어놓으셨습니다. 누군가 치유되지 않은 것은 예수님께서 그를 치유해 주지 않았기 때문이 아니라, 그 사람이 치유를 취하지 못했기 때문입니다. 그 사람은 하나님의 능력을 켜는 법을 알지 못합니다.

혈루증을 앓는 여인은 하나님의 능력에 파이프를 연결했습니다. 그녀가 예수님의 옷자락에 손을 대자, 덕(능력)이 흘러갔습니다. 그녀가 충분히 진지한지, 충분히 거룩한지, 또는 종교가 주장하는 여타 다른 기준에 맞는지를 예수님께서 보시고 평가하신 결과로 이런 일이 일어난 것이 아닙니다. 능력이 전기처럼 그냥 흘러간 것입니다.

누군가 절연체 없이 전기가 흐르는 선을 집어 올렸다면, 자동적으로 전기가 그 사람을 통과해서 흐를 것이고, 그 사람은 감전되었을 것입니다. 전력회사가 그 사람에게 어떤 교훈을 주려고 감전시킨 것이 아닙니다. 그 사람은 전기를 지배하는 법칙 때문에 감전되었던 것입니다. 접지가 된 상태로 전기가 흐르는 전선을 만진다면, 당신은 감전될 것입니다.

치유도 마찬가지입니다. 당신은 하나님께 간청할 필요가 없습니다. 당신은 구걸하고, 탄원하거나, 반드시 해야만 한다고 가르침 받은 일들을 다 할 필요가 없습니다. 당신이 해야 할 일은 오직 믿고, 믿음으로 손을 뻗어서 받는 것입니다. 당신이 믿음에 뿌리를 내린다면, 능력은 흐를 것입니다.

혈루증을 앓던 여인이 이를 입증했습니다. 그녀는 믿음을 지배하는 법칙을 작동시켰고, 그래서 하나님의 능력이 흘러갔습니다. 예수님은 자신에게 손을 댄 자가 누구인지조차 알지 못했습니다. 그러나 그분은 능력이 흘러간 것을 아셨습니다. 나는 그분이 주위를 둘러보았는데 이 여인이 바로 나오지 않자, 성령의 은사를 사용하셔서 자기를 만진 자가 누구인지 정확히 아셨다고 믿습니다. 그런 다음 그분은 이 여인을 꼭 집어내실 수 있으셨습니다(막 5:32). 그러나 하나님의 능력이 흘러간 후까지도 예수님이 자기를 만진 자가 누구인지를 알지 못했다는 사실을 여기에서 지적하는 것에는 중요한 의미가 있습니다. 하나님께서 개인적으로 "그래, 내가 너를 치유할 것이다."라고 말씀하시면서 "승인" 도장을 찍으신 것이 아니었습니다. 그렇습니다. 치유의 능력은 이미 생성된 것이며 사용할 수 있도록 제공된 것입니다. 당신이 해야 하는 일은 오직 믿음으로 손을 뻗어 만지는 것뿐입니다. 그러면 하나님의 능력은 흐를 것입니다.

무지는 치명적이다

이 진리가 나에게는 복이며 또 나를 흥분시킵니다. 이 진리는 나에게 많은 질문에 대한 답을 줍니다. 이는 치유받기를 갈망하던 그렇게도 선한 사람들이 치유를 위해 진심으로 기도했음에도 불구하고 결국 죽은 이유를 알려줍니다. 하나님께서는 그들과 그들이 드린 간구를 거절하지 않으셨습니다. 주님께서는 그들을 치유하지 않기로 선택하지 않으셨습니다. 주님은 그분의 왕국을 법칙 위에 작동하도록 세우셨습니다.

하나님께서는 그들이 치유되어 건강하게 살기를 원하셨지만, 그들이 협력을 하지 않았던 것입니다.

이 개념을 설명하기 위해 한 가지 가정해봅시다. 어떤 발명가가 몇 가지 좋은 아이디어가 있어서 발명하려고 성실히 일했습니다. 그는 거의 다 완성했을 수도 있지만, 거기에는 법칙이 있습니다. 하나님께서는 "오, 너는 거의 다 왔다. 네겐 제대로 된 재료가 없어도 내가 이 헬리콥터가 작동하게 해주겠다. 네게는 진짜 전원이 없고, 심지어는 전기모터도 없지만, 너는 참으로 성실했다. 그러므로 내가 이 헬리콥터가 너를 위해 작동하도록 해주겠다."라고 말씀하지 않으실 것입니다. 그렇습니다. 반드시 협력해야 하는 자연법칙이 있습니다. 그는 거의 다 끝냈을 수도 있지만, 완성하기에는 충분치 않습니다.

영의 세계에서 하나님께 간구하는 선한 사람들이 있지만, 그들은 하나님의 왕국이 어떻게 작동하는지를 모르기 때문에 협력하지 못합니다. 하나님께서 그들을 거절하신 것이 아니라, 단지 법칙을 따라 하나님의 왕국이 작동하는 것일 뿐입니다. 당신이 법칙을 침해할 경우, 그 법칙이 당신을 죽일 것입니다. 무지는 치명적입니다. 자연 세계에서 우리는 "모르는 게 약이다. 모른다고 해를 입지는 않는다."라고 말합니다. 그것은 맞는 말이 아닙니다. 특별히 영의 세계에서는 더욱 그렇습니다.

모르면, 그 무지가 당신을 죽일 수도 있습니다(호 4:6). 우리는 하나님의 왕국이 어떻게 작동하는지 알아야 합니다.

믿음은 들음으로 온다

혈루증을 앓는 여인을 좀 더 자세히 살펴봅시다. 그녀는 왕국의 몇 가지 법칙을 알고 협력했습니다. 무엇보다 먼저, 그녀는 예수님에 관해 들어야 했습니다.

열두 해를 혈루증으로 앓아 온 한 여자가 있어 많은 의사에게 많은 괴로움을 받았고 가진 것도 다 허비하였으되 아무 효험이 없고 도리어 더 중하여졌던 차에 예수의 소문을 듣고 무리 가운데 끼어 뒤로 와서 그의 옷에 손을 대니 막 5:25-27

어떤 사람이 그녀에게 예수님에 대해서 알려 주었을 뿐 아니라, 그분이 행하고 계시는 기적도 알려주었습니다. 로마서는 이 기본적인 믿음의 법칙을 분명하게 진술합니다.

그러므로 믿음은 들음에서 나며 들음은 그리스도[하나님]의 말씀으로 말미암았느니라 롬 10:17

당신은 하나님에 관해 들어야 합니다. 당신을 먹이는 정보가 있어야 합니다. 하나님의 말씀은 당신이 자연 세계에서 얻게 될 거의 모든 정보와는 반대되는 정보로 당신을 먹입니다. 저녁에 방송에서 하는 뉴스에 귀를 기울여서는 당신은 믿음을 갖지 못할 것입니다. 당신은 텔레비전 연속극, 성인등급 영화 등을 시청하고서는 믿음을 갖지 못할 것입니다. 그런 것들은 믿음과 반대되는 정보를 생산합니다. 우리가 믿음을 원한다면 하나님의 말씀 안에 있어야 합니다.

혈루증을 앓는 여인은 하나님에 관해 들었습니다. 그녀는 꼭 성경을 통해 예수님에 대한 소식을 들을 필요는 없었습니다. 그러나 이제 우리에게는 예수님 및 사도들의 사역과 계시지식을 담고 있는 신약성경이 있습니다. 오늘날 당신이 예수님에 관해 배우려 한다면 하나님의 말씀을 들어야 합니다. 당신은 하나님의 말씀으로 들어가서 묵상해야 합니다.

혈루증을 앓는 이 여인은 예수님에 관한 소식을 들었습니다. 그녀는 들었던 것을 묵상하고, 숙고하며 계속 생각했습니다. 그녀는 그것을 거부할 수도 있었지만, 받아들였습니다. 믿음은 들음으로 옵니다. 그리고 그 들음은 하나님의 말씀으로 말미암습니다.

능력의 원천에 접속하라

치유를 받고 싶다면, 당신은 하나님의 말씀 안으로 들어가야 합니다. 시편 107:20은 이렇게 말씀합니다.

> 그가 그의 말씀을 보내어 그들을 고치시고 위험한 지경에서 건지시는도다

하나님의 말씀이 당신을 치유하고 구출하실 것입니다. 당신이 하나님의 말씀을 발견하면, 그 말씀은 당신의 모든 육체에 생명과 건강이 됩니다.

> 내 아들아 내 말에 주의하며 내가 말하는 것에 네 귀를 기울이라 그것을 네 눈에서 떠나게 하지 말며 네 마음속에 지키라 그것은 얻는 자에게 생명이 되며 그의 온 육체의 건강이 됨이니라 잠 4:20-22

이것은 많은 사람들이 어기는 하나님의 법칙 중 하나입니다. 그들은 주님으로부터 무언가를 받기 원하면서도, 그분의 말씀 안에서 시간을 보내지는 않습니다. 그들은 "성경 어딘가에서 그분이 채찍에 맞음으로 우리가 치유받는다고 말씀하신

것 같은데요, 이게 정확한 인용인지 아닌지 확실하진 않아요."라고 말할지도 모릅니다. 이런 식으로 살고 있다면, 당신은 하나님의 말씀을 통해서 치유받지 못할 것입니다. 혹시 다른 누군가가 당신에게 치유 사역을 할지도 모릅니다. 그러나 당신이 그들의 믿음으로 치유받을 수 있을지는 모르겠습니다. 그렇게 막연한 상태로는 치유받지 못할 것입니다. 당신은 하나님의 말씀이 말하는 바를 알아야 합니다. 당신은 성경 구절을 찾아낼 수 있어야 합니다.

「확실한 기초A Sure Foundation」와 「노력 없이 오는 변화 Effortless Change」라는 나의 가르침은 말씀의 중요성뿐 아니라 하나님의 말씀이 우리 삶에 어떻게 역사하는지에 대해서 말하고 있습니다.

하나님의 말씀이 당신 안에 살아 있지 않다면, 당신은 가장 기초적인 법칙 중 하나를 어기고 있는 것입니다. 그것은 마치 전자제품의 코드를 콘센트에 끼우지 않으면서 왜 작동하지 않는지 의아해하는 것과 같습니다. 치유를 받지 못한 이유는 당신이 능력의 원천에 접속하지 않았기 때문입니다. 당신은 하나님의 말씀에 접속해야 합니다.

17장

말에는 강력한 능력이 있다
WORDS ARE POWERFUL

혈루증을 앓는 여인은 예수님에 관한 소식을 듣고, 다음과 같이 행하였습니다.

> 그 여인이 예수에 관하여 듣고, 무리 속에 들어와 뒤에서 주의 옷을 만졌으니 이는 여인이 말하기를 '만일 내가 그분의 옷만 만져도 낫게 되리라.'고 함이라. 막 5:27-28, 한글킹제임스

이 대목에서 그녀는 또 다른 법칙과 협력했습니다. 그 법칙은 그녀가 자신의 믿음을 말했다는 것입니다. 하나님의 말씀은 잠언 18장을 비롯한 많은 곳에서 이 진리를 분명하게 반복적으로 계시합니다.

사람은 입에서 나오는 열매로 말미암아 배부르게 되나니 곧 그의 입술에서 나는 것으로 말미암아 만족하게 되느니라 죽고 사는 것이 혀의 힘에 달렸나니 혀를 쓰기 좋아하는 자는 혀의 열매를 먹으리라 잠 18:20-21

누군가는 자신의 믿음을 말한 이 여인에 대한 기사가 동일하게 실려 있는 마태복음을 인용할지도 모르겠습니다. 마태복음에 나온 기사는 다음과 같습니다.

이는 그 여인이 속으로 말하기를 '내가 그분의 옷을 만지기만 하여도 낫게 되리라.' 고 함이라. 마 9:21, 한글킹제임스

마태복음에 따르면, 그녀는 속으로 말했습니다. 그러나 마가복음에 따르면 그녀는 입으로 말했습니다. 어떤 것이 맞을까요? 나는 둘 다 맞다고 믿습니다. 우리는 입으로 말하기 전에 먼저 속으로 말합니다. 두 성경 구절은 서로 모순되지 않습니다. 그녀는 두 가지 다 했습니다. 이것이 믿음을 지배하는 법칙 중 하나입니다.

우리의 말에는 강력한 능력이 있습니다. 우리는 말로 생명을 풀어놓을 수 있고, 또 말로 죽음을 풀어놓을 수도 있습니다. 우리는 우리의 말에 능력이 있다는 것, 다시 말해 긍정적

인 능력뿐 아니라 부정적인 능력도 있다는 사실을 깨달아야 합니다.

당신의 믿음을 풀어놓으라

푸념하고 투덜대면서 불평하면 당신은 불신의 부정적인 힘을 풀어놓고 있는 것입니다. 그 불신이 당신의 믿음을 취소하고 상쇄하며 무효화할 것입니다. 많은 사람들이 자기를 낫게 해달라고 하나님께 기도하며 구합니다. 그런 다음 누군가 그들에게 찾아와서 묻습니다. "어떠세요?" 그들은 이렇게 대답합니다. "오, 죽을 것 같아요. 의사가 제게 이러저러한 말을 했는데, 안 아픈 데가 없어요." 그들은 부정적인 말, 곧 하나님의 말씀과 반대되는 말을 입으로 말하기 시작합니다. 그러면 그들은 믿음을 지배하는 법칙을 어기는 것입니다.

그것은 마치 전류를 끊는 것과 같습니다. 능력은 이미 있을 수 있지만, 당신이 지속적으로 단전시키기 때문에 바라던 결과를 생산하지 않는 것입니다.

당신이 하는 말에 강력한 능력이 있다는 사실을 깨달아야 합니다, 하나님께서는 말로 하늘과 땅을 창조하셨습니다. 하나님께서는 세상이 존재하라고 말씀하셨습니다. 그분은

"빛이 있으라."라고 말씀하셨고(창 1:3), 또한 "땅은 열매를 내라."라고 말씀하셨습니다(창 1:11). 물리적인 세계와 당신의 육체적 몸도 역시 말에 반응합니다. 당신의 말은 중요합니다.

많은 사람들은 '내가 무슨 말을 하느냐는 중요한 게 아니야.'라고 생각하지만, 하나님의 말씀은 당신이 무슨 말을 하느냐가 중요하다는 사실을 계시합니다. 당신이 무슨 말을 하느냐가 당신이 무엇을 믿느냐에 영향을 끼칩니다. 그것은 당신의 몸과 마귀, 뿐만 아니라 하나님께도 영향을 끼칠 것입니다. 하나님께서는 당신의 말을 사용하십니다. 이것이 바로 당신이 당신의 믿음을 풀어놓는 가장 중요한 방식 중 하나입니다.

하나님의 말씀을 말하라

사십 년 넘게 사역을 해오면서 나는 수천 명을 위해 기도해 주었습니다. 오랜 세월을 거치면서 나는 누군가를 위해 기도할 때, 믿음으로 가득 찬 말을 하는 것이 매우 중요하다는 사실을 배웠습니다. 지금껏 나는 의심을 말한 적은 없습니다. 때로는 사람들이 아주 심각한 상태로 나를 찾아왔기 때문에,

내 안에서 두려움과 의심이 일어났지만 한 번도 그 두려움과 의심을 말해본 적은 없습니다. 나는 믿음만을 말합니다. 나는 사실 불신이 있었음에도, 내가 결코 불신을 말하지 않음으로써 사람들이 나은 것을 본 적이 있습니다.

마태복음 6:31은 다음과 같이 말씀합니다.

그러므로 염려하여 이르기를 … 하지 말라

당신은 생각이 떠오르는 것을 막을 수는 없지만, 그 생각을 당신의 것으로 받아들이지 않을 수는 있습니다. "염려하여 말하지 말라take no thought, saying…" 당신이 떠오르는 생각을 말하기 전까지는 사실상 그 생각을 받아들이지 않은 것입니다. 그러므로 당신이 무슨 말을 하느냐가 너무도 중요합니다.

혈루증을 앓는 여인이 "만일 내가 그분의 옷만 만져도 낫게 되리라."라고 말했을 때 그녀는 하나님의 법칙을 가동시킨 것입니다. 우리는 죽고 사는 것이 혀의 힘에 있다는 사실을 보았습니다. 그녀는 긍정적인 것을 말하였고, 그 말에 근거하여 행동했을 때 능력이 풀어졌습니다.

당신이 어떤 질병에 맞서 싸우고 있다면 믿음으로 가득 찬 말을 하기 시작해야 합니다. 그리고 당신은 그 말의 결과를 원해야 합니다. 의사가 한 말이나 당신의 느낌을 말하지 마십시오. 하나님의 말씀이 당신에 대해 말씀하신 것을 말하되, 믿음으로 말하십시오. 처음에는 전부 다 믿지 못하더라도, 믿음은 하나님의 말씀을 듣고 또 듣고 들음으로써 옵니다. 하나님의 말씀을 말하고 또 그 말을 계속하는 것이 당신으로 하여금 그 말을 믿도록 도와 줄 것입니다.

영적인 능력

우리가 하는 말의 중요성을 보여주는 또 하나의 성경 구절이 있습니다.

> 진실로 내가 너희에게 말하노니, 누구든지 이 산더러 '옮겨져 바다에 빠지라.' 고 **말하고**, 그의 마음에 의심하지 않으며, 그가 **말한** 것들이 이루어지리라고 믿으면 **말한** 것은 무엇이든지 이루어지리라. 막 11:23, 한글킹제임스

이 한 구절 안에서 당신이 하는 말을 세 번이나 강조합니다. 당신은 불신이 아닌 믿음을 말해야 합니다. 당신이 믿음을 말하는 순간 영적인 능력이 풀어집니다. 당신의 믿음을

말하는 것은 곧 하나님을 풀어드리는 것입니다.

대부분의 의사들은 당신에게 괜히 희망을 불러일으키고 싶지 않다는 철학을 택해왔습니다. 그들은 항상 당신에게 최악의 시나리오를 제시하려고 합니다. 그들은 그것이 타당하며 현명하다고 생각합니다. 나는 의사들이 책임지는 것 때문에 이렇게 한다는 것을 알지만, 당신은 사람들의 소망을 불러일으켜서 긍정적인 말을 하게 해야 합니다. 당신은 부정적인 말을 해서는 안 됩니다. 당신이 입원한 환자 옆에 있다면 그 사람에게 죽는 것에 대해 말하지 마십시오. 그 사람에게 사는 것에 대해 말하십시오. 당신의 말로 생명을 풀어놓으십시오. 하나님의 말씀을 말하십시오. 하나님의 말씀은 모든 육체에 생명과 건강이 될 것입니다(잠 4:22).

당신의 산을 향해 말하라

다시 말씀드리지만, 예수님은 마가복음 11:23(한글킹제임스)에서 다음과 같이 말씀하셨습니다.

누구든지 이 산더러 '옮겨져 바다에 빠지라.'고 말하고 여기에서 언급된 산은 당신의 문제를 가리킵니다. 당신이 아프고 병들어 있다면 그 질병을 향해 말하십시오. "암아, 너는 죽었다. 내가 예수의 이름으로 내 몸에서 나가라고 네게 명한다. 암아, 너는 지금 당장 내 몸에서 떠나라." 성경은 당신의 문제를 향해 말하라고 말씀합니다. 하지만 대부분의 사람들은 그들의 문제에 대해 하나님께 말합니다. 이는 단순하지만 심오한 원리입니다. 이것이 나의 삶을 혁명적으로 바꾸었습니다.

치유에 관한 한 당신은 이 원리 안에서 활동하는 법을 배워야 합니다. 발에 통증이 있다면, "내가 예수의 이름으로 명하노니, 발에 있는 통증은 떠나라!"라고 말하십시오. "하나님, 발의 통증을 없애주세요."라고 말하지 마십시오. 예수님께서는 우리에게 그렇게 하라고 가르쳐 주지 않으셨습니다. 예수님은 우리에게 그분께 우리의 문제에 대해 말하지 말고, 우리의 문제를 향해 말하라고 일러주셨습니다. 대부분의 사람들은 이 진리와 협력하고 있지 않습니다. 그들은 이 법칙을 어기고 있습니다. 그렇기 때문에 하나님의 능력이 흐르지 않습니다. 우리는 주님께서 우리에게 하라고 하신 것을 해야 합니다.

나는 노스캐롤라이나 주 샬럿에서 건강에 심각한 문제가 있는 한 여인에게 이 진리를 전하던 때를 기억합니다. 그녀는

1994년에 온갖 병과 질병의 진단을 받았습니다. 그녀는 끊임없이 괴롭히는 통증에 시달리면서 커다란 고통을 겪었습니다. 1997년 의사들은 그녀에게 오래 살 수 없으며, 한 달 내에 죽을 거라고 말했습니다. 내가 그녀를 위해 기도해주었을 때는 2001년으로, 의사들이 그녀가 죽을 거라고 말한 시기를 이미 4년이나 넘은 시점이었습니다. 하지만 그녀에게는 여러 가지 많은 문제가 있었고, 그녀는 끔찍한 고통 가운데 살고 있었습니다.

나는 그녀와 이야기를 나누었고, 치유에 관한 하나님의 말씀으로부터 몇 가지 진리를 설명했습니다. 그런 다음, 나는 그녀와 함께 기도했고 통증을 향해 말했습니다. 그녀는 온 몸에 통증이 있었습니다. 그래서 나는 통증에게 떠나라고 명했습니다. 나는 통증에게 떠나달라고 요청하지 않았습니다. 믿는 자로서 나는 하나님께서 주신 권세를 취하여 통증에게 떠나라고 명했습니다.

권세를 취하여 명하라

이는 우리에게 또 하나의 중요한 왕국의 법칙을 제시합니다. 하나님께서는 그리스도의 속죄를 통해 하실 몫을 이미 다 하셨기 때문에, **믿는 자인 우리가 우리의 권세를 취해서 하나님의 능력이 흘러가도록 명해야 합니다**(사 45:11). 우리는 하나님께서 무엇을 하실지 궁금해 하면서 물음표를 달지 말고, 주님께서 이미 다 하셨다는 진리를 믿고, 그에 따라 행동해야 합니다. 예수님께서 채찍에 맞으심으로 당신은 치유되었습니다[과거 시제](벧전 2:24).

그래서 나는 그 여인의 몸을 향해, 다시 말해 통증을 향해 떠나라고 명령했습니다. 즉시 그녀는 칠 년 만에 처음으로 통증에서 벗어났습니다. 그녀는 하나님을 찬양하기 시작했습니다. 그러다가 멈추고는 이렇게 말했습니다. "등 오른쪽 허리를 따라 아직도 화끈거려요. 이 화끈거림은 왜 없어지지 않은 거죠?"

나는 대답했습니다. "글쎄요, 저는 화끈거림을 향해서는 말하지 않았습니다. 당신은 화끈거림에 대해 제게 말하지 않으셨습니다. 그래서 제가 그것을 향해 말하지 못했습니다." 그래서 나는 다시 기도했고 이번에는 "내가 예수의 이름으로 명하노니, 화끈거림아 떠나라!"라고 말했습니다. 그래서 그 화끈거림은 떠났습니다.

이 여인은 흥분하여 걸어 다니면서, 하나님을 찬양했습니다. 나는 그녀에게 치유를 유지하는 법을 알려주는 데만 거의 삼십 분을 보냈습니다. 왜냐하면 사탄은 찾아와서 말씀을 빼앗으려 할 것이기 때문입니다(막 4:15). 나는 그녀에게 만약 다른 통증이나 화끈거림이나 기타 증상이 있을 경우, 무엇을 해야 할지를 알려주었습니다.

하나님의 왕국이 작동하는 법

그녀는 그 자리를 떠나기 전에 나를 쳐다보고는 분명한 목소리로 "화끈거림이 돌아왔어요."라고 말했습니다.

나는 말했습니다. "저는 당신에게 어떻게 해야 할지를 이미 알려드렸습니다. 저는 당신과 손을 잡고 동의할 테지만, 기도는 당신이 하셔야 합니다. 당신이 여기에 책임을 지셔야 합니다."

그러자 이 여인은 상당히 훌륭한 기도를 했습니다. "아버지, 저를 치유하는 것이 아버지의 뜻임을 감사드립니다." 불과 삼십 분 전만 해도 그녀는 그녀에게 이 병을 준 장본인이 하나님이라고 믿었습니다. 그러나 내가 그런 불신을 반박했을 때, 그녀는 하나님의 말씀을 받아들였습니다. 그녀는 이렇게 기도했습니다. "아버지, 저는 당신께서 채찍에 맞으심으로 제가 나았음을 믿습니다. 저는 예수의 이름으로 저의 치유를 주장합니다." 그것은 그녀의 처음 상태와 비교하면 상당히 훌륭한 기도였지만, 나는 그 기도가 역사하지 않을 것임을 알았습니다. 화끈거림이 사라지지 않았음을 알았을 때, 나는 그녀에게 물었습니다. "아직도 화끈거림이 있나요?"

"네, 왜 없어지지 않죠?"

"그 이유는 당신이 당신의 화끈거림을 향해 말하지 않고, 당신의 화끈거림에 대해 하나님께 말씀드렸기 때문입니다." 그런 다음, 나는 성경을 펴고 마가복음 11:23을 보여주면서, 이 진리에 대해 더 많은 것을 그녀와 나누었습니다. "당신이 당신의 산을 향해 말해야 합니다."

그녀는 나를 쳐다보고 말했습니다. "제가 화끈거림을 향해 말해야 했다는 말씀이세요? 그 이름을 부르면서 그것에다 말해야 했다는 말이에요?"

"그렇습니다. 성경이 바로 그렇게 하라고 말씀하셨습니다."

당신은 이것이 이상하다고 생각할지 모릅니다. 하지만 예수님은 무화과나무를 향해 말씀하셨습니다(막 11:12-26을 보십시오). 예수님이야말로 산을 향해 말하라고 알려준 당사자이십니다(막 11:23). 이것은 역사합니다. 이것은 하나님 왕국의 법칙입니다. 당신은 그렇게 하기 위해서 완전히 이해할 필요는 없습니다. 벽에 있는 스위치를 켤 때, 불이 왜 켜지는지 꼭 이해할 필요는 없습니다. 그냥 스위치를 켜면, 그것은 작동합니다. 산을 향해 말하여서 당신의 믿음을 풀어놓고,

하나님께서 당신에게 주신 권세를 행사하십시오. 그것은 역사할 것입니다.

그래서 이 여인은 다시 기도했습니다. "화끈거림아, 예수의 이름으로…" 그녀는 즉시 멈추고 이렇게 큰 소리로 외쳤습니다. "화끈거림이 벌써 사라졌어요!" 그녀가 할 말은 그것뿐이었습니다. 하나님께서는 그녀를 자유롭게 하셨습니다. 일 년 후에 우리는 함께 저녁을 먹었는데, 그녀는 신성한 건강 가운데 살고 있었습니다. 그것은 대단한 기적이었습니다!

내가 사용하는 중요한 열쇠 중 하나는 바로 나의 말입니다. 특히 나는 긍정적인 말을 하나님께 말씀드릴 뿐 아니라, 내 상황을 향해서도 긍정적인 말을 말합니다. 나는 권세를 취하여 상황에게 변하라고 명합니다. 이것이 하나님 왕국의 법칙 중 몇 가지입니다. 처음에는 이상하게 보일지 모르지만, 이것이 바로 하나님의 왕국이 작동하는 방식입니다.

믿음으로 받으라

당신에게 재정 문제가 있다면, 당신의 통장에다 말하십시오. 당신의 통장은 당신에게 이렇게 말하고 있습니다. "봐, 온통 적자고 흑자는 거의 없어. 말씀은 역사하지 않았어. 하나님께서 네 쓸 것을 공급하지 않고 계셔." 통장을 보면 이런 생각들이 떠오를 것입니다. 그러면 산을 향해 이렇게 말하십시오. "예수의 이름으로 나의 하나님께서 그리스도 예수 안에서 영광 가운데 그 풍성한 대로 나의 모든 쓸 것을 채우시리라(빌 4:19). 내가 명하노니, 이 적자는 없어지고 흑자가 올지어다. 내가 하나님의 풍성한 공급이 나타나도록 부른다. 나의 통장에는 돈이 들어오고 잔고는 증가한다."

육체의 치유라면, 당신의 몸에다 말하십시오. 최근에 나는 우리가 주관하는 한 집회에 참석한 남자의 당뇨병을 꾸짖은 적이 있습니다. 나는 그 당뇨병을 꾸짖어달라고 하나님께 요청하지 않았습니다. 내가 꾸짖었습니다. 주님께서는 하실 몫을 이미 다 하셨습니다. 하나님께서는 이 남자를 이미 치유하셨습니다. 문제는 누군가 권세를 취해서 산을 향해 말하여 자신의 믿음을 이 땅에서 풀어놓는 것입니다.

당신이 권세를 취해서 산을 향해 말하는 것에 대해, 내가 나눌 내용이 이보다 훨씬 더 많이 있습니다. 당신이 이 계시를 받아, 그 계시 가운데 살기 시작해야 합니다. 그래서 나는 『믿는 자의 권세The Believer's Authority』와 『당신은 이미 가졌습니다!』와 「영적인 권세Spiritual Authority」라는 나의 가르침 세 개를 추천하고 싶습니다. 당신은 하나님께서 그분이 하실 몫을 이미 다 하셨다는 사실을 깨닫고, 당신의 권세를 취해서 그것이 이루어지도록 명령해야 합니다. 그리스도께서 그분의 죽으심과 장사됨과 부활을 통해 공급하신 모든 것은 은혜로 말미암아 지금 당장 영의 영역에서 쓸 수 있는 것이지만, 당신이 물리적인 영역에서 그 공급이 나타나는 것을 체험하려면 믿음으로 손을 뻗어 그것을 받아야 합니다.

고치고 회복하라

나는 이 남자의 당뇨병에게 사라지라고 명했습니다. 그런 다음, 나는 그 사람의 췌장을 향해 다시 살아나서 정상으로 기능하라고 말했습니다. 내가 이렇게 한 이유는 그 부분이 그의 몸에서 정상적으로 작동하지 않는 부분이었기 때문입니다. 나는 그 사람의 인슐린을 향해 정상수치가 되라고 명했습니다.

한 달 후에, 이 사람이 놀라운 보고를 가지고 나를 찾아왔습니다. 그는 혈당 측정기에 날짜별로 저장된 자료를 검색하기 시작했습니다. 나는 그게 무슨 의미인지 정확하게는 모르지만, 내가 기도해주었던 그날에는 그의 혈당치가 1,100이 넘었습니다. 그런데 그 수치가 점점 내려가기 시작했습니다. 그는 자료를 계속 검색하면서, 날마다 수치가 내려간 것을 보여

주었습니다. 그리하여 108까지 내려갔습니다. 이 긍정적인 전환은, 내가 당뇨병을 꾸짖고 떠나라고 명했을 뿐 아니라, 그의 몸을 향해서도 정상으로 고쳐지라고 말했기 때문에 일어난 것이었습니다.

나는 종양이 있는 사람들에게 손을 얹고 기도하면서 암을 꾸짖었을 때, 종양이 내 손 밑에서 즉시 사라진 것을 실제로 경험한 적이 있습니다. 나는 종양이 밑으로 내려가는 것을 느낄 수 있었습니다. 그러나 나는 이와 같은 질병은 몸을 손상시킨다는 사실을 깨달았습니다. 그래서 나는 손상된 몸의 부위에다 말하여 하나님의 치유의 능력을 풀어놓습니다. 나는 부식된 기관을 향해 다시 자라나서 회복될 것을 명합니다. 이것이 바로 내가 산을 향해 말하는 방식입니다.

관절염과 같은 질병에 걸린 사람들을 위해 기도해줄 때, 나는 그 이름을 말하면서 꾸짖습니다. 나는 관절염이 귀신의 영demonic spirit임을 믿습니다. 그러므로 나는 예수의 이름으로 그 영을 꾸짖고, 관절염에게는 떠나라고 명합니다. 그러나 내가 거기에서 멈춘다면, 그들은 관절염에서 치유받을 수는 있겠지만, 관절염이 그들의 몸에 끼친 손상은 그대로 있었을 것입니다. 그래서 나는 관절염을 꾸짖을 뿐만 아니라, 몸을 향해서도 회복되라고 말했습니다. 나는 뒤틀린 사지를 향해 정상으로 돌아가라고 명합니다. 나는 통증, 종기, 염증을 향해 사라지라고 명합니다. 나는 이 영적인 법칙과 협력할 때 좋은 결과가 일어나는 것을 수천 번 보았습니다.

  핵심은 당신이 말해야 한다는 것입니다. 혈루증을 앓던 여인은 말했습니다. 그녀는 이렇게 말했습니다. "만일 내가 그분의 옷만 만져도 낫게 되리라." 그런 다음, 그녀는 자기가 믿었던 대로 행동했습니다. 그녀가 행동이 철저히 뒤따르지 않았다면, 그녀가 무엇을 말했든지 상관없이 그것은 그녀에게 아무런 유익도 끼치지 못했을 것입니다.

18장

당신의 믿음대로 행하라
ACT ON YOUR FAITH

행동이 따르지 않는 믿음은 죽은 것입니다.

오 허황된 사람아, 행함이 없는 믿음은 죽은 것인 줄 네가 알고자 하느냐? 약 2:20, 한글킹제임스

당신은 당신의 믿음에 근거하여 행동해야 합니다. 예를 들어 당신이 병들어 있지만, 이 책을 철저하게 읽은 후에 "나는 예수의 이름으로 치유된 것을 믿는다."라고 말하기 시작합니다. 그러나 계속해서 병들어 있는 것을 생각하고, 병들어 있다고 말하고, 병들어 있는 것처럼 행동한다면, 당신은 치유가 나타나는 것을 보지 못할 것입니다. 당신은 치유에 관한 하나님의

말씀을 묵상하고, 믿음이 올 때까지 거듭거듭 그 말씀을 말해야 합니다. 그런 다음, 당신의 믿음대로 행동해야 합니다. 몸이 좋지 않다는 느낌 때문에 침대에 누워있었다면, 일어나 무언가를 하기 시작하십시오. 움직이십시오. 당신의 믿음에 근거하여 행동하기 시작하십시오.

완전하게 되었다

나는 이 진리가 작동한 수백 가지의 사례를 나눌 수 있습니다. 나는 예전에 등에 부상을 입어 끔찍한 통증으로 고통을 겪은 적이 있습니다. 나는 움직이고 싶다는 생각이 들지 않았지만, 믿음으로 일어나서 윗몸일으키기를 시작했습니다. 내 생각으로는 하고 싶지 않은 모든 것을 하면서 통증에 대적했습니다(약 4:7). 그것은 삼십 년도 더 된 일입니다. 하나님을 찬양합니다. 나의 등은 지금도 강건하고 건강합니다. 그러나 치유의 나타남을 받기 전까지 나의 등은 아주 심각한 상태였습니다.

또 다른 때에 나는 페인트를 칠하는 중에 아픔을 느꼈습니다. 점심을 먹으러 집에 가서 소파에 누웠는데, 아무것도 하고 싶지 않았습니다. 믿음의 여인인 아내가 나를 일으키더니,

그녀의 몸에다 내 팔을 얹고는 마치 내가 치유받은 것처럼 온 집안을 돌아다니며 그녀와 함께 춤추게 하였습니다. 삼십 분 안에 나는 그 증상을 털어내고, 다시 페인트칠을 하러 가서 그날의 일당을 받았습니다(그때 우리는 정말로 그 돈이 필요했습니다).

많은 사람들은 침대에 누워 탄산수를 마시면서 약을 먹고 있을 것입니다. 가족들은 그들의 뜨거운 이마를 만지면서 아직도 왜 아픈지 궁금해 할 것입니다. 믿음은 행함에 의해서 완벽해지고, 완전해집니다.

> 믿음이 어떻게 그 행함과 더불어 작용하였으며, 믿음이 행함으로 온전케 되었음을 네가 보느냐? 약 2:22, 한글킹제임스

그러나 행동이 믿음을 낳는 것이라고 생각하며 이 진리를 잘못 이해하지는 마십시오. 행동은 믿음을 낳지 않습니다. 이 부분이 많은 사람들이 놓쳤던 지점입니다. 하나님을 믿지 않았던 어떤 사람들은 '내가 하나님을 믿는 것처럼 행동하기만 하면, 그 행동을 통해 역사할 것이다.' 라고 생각했습니다. 따라서 그들은 인슐린과 병원치료와 약을 끊었습니다. 그래서 그들은 죽었습니다. 그래서 믿음이 악명을 얻은 것입니다. 행함이나 행동이 믿음을 낳는 것이 아닙니다. 그러나 당신

에게 이미 믿음이 있다면, 그 믿음대로 행동해야만 당신의 믿음이 완전해질 것입니다.

초점과 전념

혈루증을 앓는 여인은 자신이 믿은 바에 따라 행동해야 했습니다. 믿음으로 그녀는 "만일 내가 그분의 옷만 만져도 낫게 되리라."라고 말했습니다. 그리하여 그녀는 손을 뻗어서 예수님의 옷자락을 만질 때까지 군중을 뚫고 감으로써 자신의 믿음대로 행동했습니다.

그녀가 땅바닥에 끌리는 옷자락에 손을 뻗어 만지기란 결코 쉽지 않았습니다. 그 말은 이 여인이 아마도 손과 무릎으로 기어서, 예수님을 둘러싼 무리들을 뚫고 갔을 것이라는 뜻입니다. 그녀의 행동은 그녀의 완전한 전념을 보여줍니다.

구약의 율법에 따르면, 혈루증으로 인해 그녀는 불결했습니다. 그녀가 만지는 그 어떤 옷이나 사람 역시 불결하게 되었습니다. 이것은 매우 무례한 것으로 여겨졌습니다. 그녀처럼 혈루증을 앓는 사람들은 공중 앞에 나올 수 없었습니다. 만약 그들이 공중 앞에 나올 경우, 거리 모퉁이에 서서 "불결하다, 불결하다."라고 소리쳐야 했습니다. 그러면 사람들은 길을 비키고 그들이 지나가도록 길을 열어 주었습니다. 예수님의 옷을 만지기 위해 기어서 군중을 뚫고 지나가는 이 여인은 상당히 심각한 위험을 감수하고 있었습니다. 만약 그 여인에게 혈루증이 있다는 것이 밝혀지면, 그녀는 돌에 맞아 죽을 수도 있었습니다. 그 누구도, 그 어떤 것도, 그녀가 하나님으로부터 치유를 받는 것을 막거나 지체하게 만들 수 없었습니다.

이것은 하나님 왕국의 또 하나의 중요한 법칙을 설명합니다. 그 법칙은 **하나님께로부터 받는 것은 초점과 전념을 필요로 한다**는 사실입니다.

"온 심령을 다해"

예레미야 29:11은 많은 사람이 잘 아는 말씀입니다. 이 구절은 다음과 같이 말씀합니다.

여호와의 말씀이니라 너희를 향한 나의 생각을 내가 아나니 평안이요 재앙이 아니니라 너희에게 미래와 희망을 주는 것이니라 그러나 같은 생각을 이어서 말씀하는 예레미야 29:12-13은 비교적 잘 알려지지 않았습니다.

너희가 내게 부르짖으며 내게 와서 기도하면 내가 너희들의 기도를 들을 것이요 너희가 온 마음[심령]으로 나를 구하면 나를 찾을 것이요 나를 만나리라 렘 29:12-13

당신이 온 심령을 다해 하나님을 구할 때 어떻게 하나님을 찾고 발견하게 된다고 말씀하시는지 주목하십시오. 많은 사람들이 수동적으로 기도합니다. "하나님, 저는 낫고 싶어요." 그러나 그들의 심령에서는 치유를 받지 않아도 여전히 살 수 있다는 마음이 있습니다. 그들은 "저는 치유받지 않고서는 살 수 없어요."라고 말하는 지점에까지 전념하지 않습니다. 그 때문에, 그들은 하나님의 치유의 능력이 나타나는 것을 보지 못합니다.

당신은 치유받지 않고 살 수 있는 한 그렇게 할 것입니다. 그러나 당신이 심령에서 "나는 더 이상 이것을 짊어지지 않겠어."라고 말하는 지점에 도달할 때, 혈루증을 앓던 여인처럼 군중에 밟히거나 돌에 맞아 죽을 수도 있는 상황에서 말 그대로 목숨을 걸 정도로 전념할 때, 믿는 것을 행하기 위해 필요한 것은 무엇이든 할 정도로 진지하고 집중되어 있을 때, 당신이 이러한 종류의 태도를 취할 때 비로소 하나님의 능력이 흘러가기 시작할 것입니다. 그것이 바로 믿음이 작동하는 또 하나의 법칙입니다.

깨끗한 심령

불신과 똑같이, 용서하지 않음unforgiveness 역시 하나님의 능력을 단절시킵니다.

주인이 노하여 그 빚을 다 갚도록 그를 옥졸들에게 넘기니라 너희가 각각 마음으로부터 형제를 용서하지 아니하면 나의 하늘 아버지께서도 너희에게 이와 같이 하시리라 마 18:34-35

심령에 용서하지 않음을 품고 있으면 당신은 괴롭히는 자에게 넘겨지게 될 것입니다. 쓴 뿌리가 일어나서 당신의 온 몸을 상하게 할 것입니다.

너희는 하나님의 은혜에 이르지 못하는 자가 없도록 하고 또 쓴 뿌리가 나서 괴롭게 하여 많은 사람이 이로 말미암아 더럽게 되지 않게 하며 히 12:15

당신의 심령은 용서하지 않는 것과 쓴 뿌리에서 벗어나 깨끗하게 유지되어야 합니다.

믿음이 역사하는 방식

뿐만 아니라, 믿음은 사랑으로 역사합니다.

그리스도 예수 안에서는 할례나 무할례나 효력이 없으되 사랑으로써 역사하는 믿음뿐이니라 갈 5:6

당신이 하나님께서 당신을 얼마나 사랑하는지 진정으로 깨달았다면, 당신의 믿음은 지붕을 뚫을 정도로 일어날 것입니다. 「하나님이 가지신 것과 같은 종류의 사랑: 당신이 당면한 고통의 치유책God's Kind of Love: The Cure for What Ails Ya」과 「당신을 향한 하나님의 사랑God's Love to You」이라는 나의 가르침이 당신으로 하여금 진정으로 하나님의 사랑과 자비를 이해하도록 도와줄 것입니다. 또한 당신이 구약에 나온 진노와 처벌로 인해 혼란스러워했다면, 「하나님의 본성The Nature of God」과 「전쟁은 끝났다The War Is Over」라는 나의 가르침이 진정으로 당신의 눈을 열어줄 것입니다. 당신이 하나님께서 당신을 얼마나 사랑하시는지를 깨달을 때, 당신의 믿음은 역사할 것입니다.

한 남자와 12살 된 그의 딸이 나의 집회에 찾아왔습니다. 그의 딸은 휠체어에 있었는데, 이른바 식물인간이었습니다. 그녀는 숨은 쉬고 있었지만 의사소통은 불가능했습니다. 그녀의 지각은 작동하지 않았고, 그녀의 몸도 제대로 기능하지 못했습니다. 열두 살인데도 아직 기저귀를 차고 있었습니다. 집회 중에 나는 치유하는 것이 언제나 하나님의 뜻이라는 것에 대해 말했습니다. 이 아버지는 화가 나서 떠났습니다. 그 집회에 그를 데려왔던 사람은 "아마도 당신이 앤드류 목사님께서 하신 말씀을 오해한 것 같습니다. 그분이 해명해 주실 것입니다."라면서 집회가 끝날 때까지 머물러 있도록 설득했습니다. 그래서 그는 머물렀지만, 내게 화가 나 있었습니다.

나는 그에게 말했습니다. "당신의 딸을 치유하는 것이 하나님의 뜻입니다."

그는 대답했습니다. "하나님께서 내 딸을 이렇게 하셨소. 그게 하나님의 뜻이요." 나는 그가 그렇게 말하는 이유를 이해했습니다. 그것은 방어기제였습니다. 그는 그런 상태로 있는 딸을 보는 것이 마음 아팠습니다. 나는 그가 기도했지만 어떤 결과도 보지 못했다고 확신합니다. 그래서 그는 딸이 아픈 것이 하나님의 뜻이며, 주님께서 딸이 그런 상태로 있도록 계획하셨다고 가정했습니다.

"하나님은 사랑이시라"

나는 그것이 사실이 아님을 성경을 통해 그에게 가르치기 시작했습니다. 그는 자기 입장을 정당화하면서 성경 구절을 제시했습니다. 나는 그가 성경을 잘못 해석하고 있다고 생각했고, 그도 역시 내가 성경을 잘못 해석한다고 생각했습니다. 우리는 정지 상태에 있었습니다, 이 사람은 몹시 화가 나 있었습니다.

그는 딸이 앉은 휠체어 뒤쪽에 서 있었고, 그의 딸은 우리 사이에 있었습니다. 나는 간절히 이 사람으로 하여금 하나님께서 딸이 치유되기 원하신다는 것을 깨닫게 해주려고 하였습니다. 나는 그가 이미 나에 대해 화가 나 있기 때문에 잃을 것이 없다고 생각했습니다. 마침내 나는 그를 호되게 비난했습니다. "대체 당신은 아버지가 맞습니까? 어떤 아버지가 자기 딸이 반신불수이자 식물인간으로 평생 휠체어에 갇혀있기를 원합니까? 그 아이는 놀지도, 결혼도 못하고, 삶의 다른 즐거움도 누리지 못할 텐데 말입니다. 당신이 무슨 아버지입니까?"

이 사람은 이미 열이 받아있는 상태였지만, 급기야 귀에서 김이 막 솟아나기 시작했습니다. 그는 나를 칠 수도 있었습니다. 나는 그가 그럴 마음을 먹었다고 확신합니다. 그는 분노의 눈초리로 나를 째려보면서 대답했습니다. "나는 내 딸이 낫도록 도울 수 있는 일이라면 무엇이든지 다 했을 겁니다. 수술할 수 있었다면, 어떤 액수의 돈이라도 썼을 거요. 내가 그 아이를 대신하여 아프고 아이가 정상이 될 수만 있다면, 그렇게 했을 겁니다. 그 아이가 나을 수 있는 일이라면 무엇이든지 다 했을 겁니다!"

그가 그 말을 다 토해내자, 나는 그를 똑바로 쳐다보면서 말했습니다. "그런데 당신은 전능하신 하나님께서 당신 딸을 당신보다 덜 사랑하신다고 생각하는군요."

그는 돌처럼 굳었습니다. 그는 어떤 교리와 주장을 가지고 있었습니다. 하나님께서 사람들에게 병과 질병을 주신다고 잘못된 가르침을 받아왔기 때문입니다. 그는 그의 딸을 사랑했으며, 따라서 딸을 위해서라면 무엇이든지 다 했을 것입니다. 낫게 할 수만 있다면 그가 가지 않았을 곳이 없었습니다. 그래서 나는 국면을 역전시켜서 그에게 도전했습니다. "당신은 성경에서 사랑이라고 말씀하시는 하나님께서 당신 딸을 당신보다 덜 사랑하신다고 생각하는군요." 그는 교리를 주장할 수도 있었지만, 내가 그 문제를 사랑으로 끌고 가자 그럴 수 없었습니다.

하나님은 사랑이심이라 요일 4:8

당신이 하나님께서 당신을 얼마나 사랑하시는지 진정으로 깨달았다면, 당신의 믿음은 지붕을 뚫을 정도로 일어나서 하나님께서 당신을 치유하고 계심을 믿게 될 것입니다. 주님께서 치유하지 않으신 것이 아닙니다. 우리가 깨닫지 못해서 받지 못한 것입니다. 우리는 하나님께서 우리를 얼마나 사랑하시는지 깨달아야 합니다. 우리는 우리를 향한 그분의 사랑에 초점을 맞추고 묵상해야 합니다. 그것만이 우리의 믿음에 기적을 일으킵니다.

주인의 설명서

당신은 치유를 집요하게 주장하며 집중하면서도, 하나님께서 당신을 얼마나 사랑하시는지 깨닫지 못할 수도 있습니다. 당신은 하나님께서 화가 나 있다고 생각할지도 모릅니다. 당신은 자신을 싫어할 수도 있습니다. 당신은 스스로에 대해 실망하여, 주님이 당신을 아주 많이 싫어하신다고 생각할지도 모릅니다. 그것은 하나님의 치유의 능력이 당신의 삶에 흘러 들어가는 것을 막는 커다란 장애물입니다. 믿음은 사랑으로 역사한다는 사실을 기억하십시오(갈 5:6). 이는 하나님 왕국의 또 하나의 법칙입니다. 그러므로 주님의 치유 능력이 당신 삶에 나타나는 것을 보고 싶다면, 주님께서 당신을 얼마나 사랑하시는지를 깨닫기 시작해야 합니다.

이것을 깨달음으로 인해, 우리는 지속적으로 전진할 수 있었습니다. 나는 믿음이 역사하는 법칙들을 더 많이 발견했습니다.

나는 이 책에서 단지 가장 중요한 법칙 몇 가지만 나눌 수 있을 뿐입니다. 물론 나는 아직 믿음과 치유에 관해 알아야 하는 것을 다 알지는 못합니다. 하지만 그 모든 것이 하나님의 말씀에는 계시되어 있습니다.

하나님의 말씀은 주인의 설명서입니다. 거듭난 믿는 자인 우리는 그분께 속하며, 그분의 말씀은 우리에게 그분의 왕국이 어떻게 작동하는지를 알려줍니다. 우리는 그분의 말씀으로 들어가서, 믿음이 작동하는 법칙을 더 많이 발견해야 합니다. 그런 다음, 우리는 믿음으로 그 법칙들과 협력해야 합니다.

성경에 나온 다양한 사람들과 그들이 어떻게 치유를 받았는지를 깊이 생각해 보십시오. 혈루증을 앓던 여인을 묵상

(깊이 숙고 또는 생각)하십시오. 자기 딸을 죽은 자로부터 돌려받은 야이로를 공부하십시오. 예수님이 다른 사람들에게 어떻게 치유사역을 하셨는지를 살펴보십시오. 당신만이 아니라 하나님께서 당신을 통해 치유하기를 원하시는 사람들에게 적용되어야 할 것을 당신이 볼 수 있도록 도와달라고 성령님께 기도로 구하십시오.

하나님께서는 당신이 건강하기를 원하십니다. 하나님께서는 당신이 원하는 것보다 더 당신이 건강하기를 원하십니다. 당신이 건강하지 않다면, 그 이유는 하나님께서 원치 않으시기 때문이 아니라, 당신이 받는 법을 깨닫지 못했기 때문입니다. 당신이 삶에서 하고 있는 어떤 일들이, 아마도 이 책에서 당신을 방해하는 일이라고 이야기했던 것일지도 모릅니다. 아마도 당신이 부정적인 것을 말해왔을 것입니다. 당신은 불평하고, 투덜거리며, 하나님께서 하신 말씀이 아닌 의사가 한 말을 하고 있었을 것입니다. 아마 당신은 성경에 나와 있는 하나님의 보고보다 의료적인 보고에 더 많은 영향을 받고 있을 것입니다. 당신은 하나님께서 그분의 말씀에서 말하신 것을 선언하기 시작해야 합니다.

당신은 당신의 산, 즉 당신의 문제를 향해 말해야 합니다. 당신은 당신의 믿음 위에서 행동해야 합니다. 당신은 하나님의 사랑을 깨닫고, 용서 가운데 살기 시작해야 합니다. 어떤 것도 당신이 하나님께서 이미 공급하신 것을 믿음으로 받는 데 지체하지 못하게 할 정도로 충분히 전념하십시오. 당신은 치유를 받지 않고도 살 수 있는 한, 계속 그렇게 치유를 받지 못할 것입니다. 그러나 당신이 더 이상 이렇게 살지 않겠다고 결심한 순간, 그 결심은 차이를 나타낼 것입니다.

당신의 치유를 위한 나의 기도

하나님은 좋으신 하나님이십니다. 그분은 치유를 포함해서 당신에게 필요한 전부를 이미 공급하셨습니다. 하나님께서는 당신이 건강하기를 원하십니다. 그분은 당신을 위해 계십니다. 당신이 그분께 내어드리기만 한다면, 그분은 당신을 모든 진리 가운데로 인도하시며, 당신이 치유를 받기 위해 무엇을 해야 하는지를 알려주실 것입니다.

나는 이제 당신을 위해 기도하기를 원합니다.

아버지, 저는 지금 이 책을 읽는 독자들을 위하여 기도합니다. 저는 그들이 건강하게 지내는 것이 아버지의 뜻임을 압니다. 저는 아버지께서 이미 그렇게 하셨음을 압니다. 예수님께서 채찍에 맞으심으로 그들이 이미 나았기 때문입니다(벧전 2:24). 주님, 주님은 이미 능력을 일으키셨습니다.

능력은 이미 와 있습니다. 우리가 스위치를 켜기만 하면 됩니다. 우리가 배우고 생각을 바꾸기만 하면 됩니다. 아버지, 저는 성령님께서 바로 지금 그들 안에서 일어나야 할 변화를 촉진시키셔서 아버지께서 이미 다 이루신 것을 그들이 받을 수 있게 되기를 기도합니다.

아버지의 말씀은 생명과 경건에 관한 모든 것들을 그분의 지식을 통하여 우리에게 주셨다고 말씀합니다(벧후 1:3). 아버지, 저는 아버지께서 독자들에게도 아버지의 치유의 능력을 풀어놓고 경험하기 위해 지금 당장 필요한 지식을 전해 주시기를 간구합니다.

우리는 지금 예수의 이름으로 이 문제를 향해 말했습니다. 우리는 온갖 종류의 종양과 암과 그들의 몸에 침투하여 죽게 했던 다른 모든 것들에게 명합니다. 세균과 바이러스와 전염병 등은 예수 이름으로 죽을지어다. 아버지, 우리는 아버지의 기름 부음이 그들의 몸에 흘러가도록 풀어놓아서, 그들로 하여금 통증과 모든 증상으로부터 벗어나게 합니다. 우리는 문제의 뿌리로 가서, 치유를 명합니다.

예수의 이름으로, 두려움이 사라지고 믿음이 오며 사랑이 흐를 것을 명하노라. 우리는 우리가 치유되었다는 아버지의 말씀에 동의합니다. 그래서 우리가 치유되었다면(과거시제), 우리는 치유된 것입니다(현재시제). 아버지, 아버지께서 우리가 건강하기를 원하심에 감사드립니다. 우리는 예수의 이름으로 치유를 받습니다. 아멘.

치유는 언제나 하나님의 뜻인가?
IS IT ALWAYS GOD'S WILL TO HEAL?

복음서에는 예수님이 그 자리에 있던 모든 병든 사람들을 고치셨다는 대목이 열일곱 번이나 나옵니다. 또한 예수님이 한 번에 한 명 내지 두 명을 고치셨다는 장면은 마흔일곱 번이나 나옵니다. 우리는 주님이 치유하기를 거부하신 장면을 단 한 군데서도 찾을 수 없습니다.

그런데 예수님은 스스로는 아무것도 할 수 없고, 오직 아버지께서 하시는 것을 본 대로만 할 수 있다고 선언하셨습니다.

> 그러므로 예수께서 그들에게 이르시되 내가 진실로 진실로 너희에게 이르노니 아들이 아버지께서 하시는 일을 보지 않고는 아무 것도 스스로 할 수 없나니 아버지께서 행하시는 그것을 아들도 그와 같이 행하느니라 요 5:19

이에 예수께서 이르시되 너희가 인자를 든 후에 내가 그인 줄을 알고 또 내가 스스로 아무 것도 하지 아니하고 오직 아버지께서 가르치신 대로 이런 것을 말하는 줄도 알리라 나를 보내신 이가 나와 함께 하시도다 나는 항상 그가 기뻐하시는 일을 행하므로 나를 혼자 두지 아니하셨느니라 요 8:28-29

위 말씀에 비추어 볼 때, 예수님의 행동은 치유가 언제나 하나님의 뜻이라는 것에 대한 충분한 증거입니다!

성경 구절
SCRIPTURES

복음서에서 예수님이 그 자리에 있는 병든 모든 사람들을 고치셨음을 보여주는 성경 구절은 열일곱 번 나옵니다.

1. 예수께서 온 갈릴리에 두루 다니사 그들의 회당에서 가르치시며 천국 복음을 전파하시며 백성 중의 모든 병과 모든 약한 것을 고치시니 그의 소문이 온 수리아에 퍼진지라 사람들이 모든 앓는 자 곧 각종 병에 걸려서 고통 당하는 자, 귀신 들린 자, 간질하는 자, 중풍병자들을 데려오니 그들을 고치시더라 마 4:23-24

2. 저물매 사람들이 귀신 들린 자를 많이 데리고 예수께 오거늘 예수께서 말씀으로 귀신들을 쫓아내시고 병든 자들을

다 고치시니 이는 선지자 이사야를 통하여 하신 말씀에 우리의 연약한 것을 친히 담당하시고 병을 짊어지셨도다 함을 이루려 하심이더라 마 8:16-17

3. 예수께서 모든 도시와 마을에 두루 다니사 그들의 회당에서 가르치시며 천국복음을 전파하시며 모든 병과 모든 약한 것을 고치시니라 마 9:35

4. 예수께서 아시고 거기를 떠나가시니 많은 사람이 따르는지라 예수께서 그들의 병을 다 고치시고 마 12:15

5. 예수께서 나오사 큰 무리를 보시고 불쌍히 여기사 그 중에 있는 병자를 고쳐주시니라 마 14:14

6. 그들이 건너가 게네사렛 땅에 이르니 그곳 사람들이 예수인줄 알고 그 근방에 두루 통지하여 모든 병든 자를 예수께 데리고 와서 다만 예수의 옷자락에라도 손을 대게 하시기를 간구하니 손을 대는 자는 다 나음을 얻으니라 마 14:34-36

7. 큰 무리가 다리 저는 사람과 장애인과 맹인과 말 못하는 사람과 기타 여럿을 데리고 와서 예수의 발 앞에 앉히매 고쳐

주시니 말 못하는 사람이 말하고 장애인이 온전하게 되고 다리 저는 사람이 걸으며 맹인이 보는 것을 무리가 보고 놀랍게 여겨 이스라엘의 하나님께 영광을 돌리니라 마 15:30-31

8. 큰 무리가 따르거늘 예수께서 거기서 그들의 병을 고치시더라 마 19:2

9. 맹인과 저는 자들이 성전에서 예수께 나아오매 고쳐주시니 마 21:14

10. 저물어 해 질 때에 모든 병자와 귀신 들린 자를 예수께 데려오니 온 동네가 그 문 앞에 모였더라 예수께서 각종 병이 든 많은 사람을 고치시며 많은 귀신을 내쫓으시되 귀신이 자기를 알므로 그 말하는 것을 허락하지 아니하시니라 막 1:32-34

11. 이에 온 갈릴리에 다니시며 그들의 여러 회당에서 전도하시고 또 귀신들을 내쫓으시더라 막 1:39

12. 아무 데나 예수께서 들어가시는 지방이나 도시나 마을에서 병자를 시장에 두고 예수께 그의 옷 가에라도 손을 대게 하시기를 간구하니 손을 대는 자는 다 성함을 얻으니라 막 6:56

13. 해 질 무렵에 사람들이 온갖 병자들을 데리고 나아오매 예수께서 일일이 그 위에 손을 얹으사 고치시니 눅 4:40

14. 예수께서 그들과 함께 내려오사 평지에 서시니 그 제자의 많은 무리와 예수의 말씀도 듣고 병 고침을 받으려고 유대 사방과 예루살렘과 두로와 시돈의 해안으로부터 온 많은 백성도 있더라 더러운 귀신에게 고난 받는 자들도 고침을 받은지라 온 무리가 예수를 만지려고 힘쓰니 이는 능력이 예수께로부터 나와서 모든 사람을 낫게 함이러라 눅 6:17-19

15. 마침 그때에 예수께서 질병과 고통과 및 악귀 들린 자를 많이 고치시며 또 많은 맹인을 보게 하신지라 눅 7:21

16. 무리가 알고 따라왔거늘 예수께서 그들을 영접하사 하나님 나라의 일을 이야기하시며 병 고칠 자들은 고치시더라 눅 9:11

17. 한 마을에 들어가시니 나병환자 열 명이 예수를 만나 멀리 서서 소리를 높여 이르되 예수 선생님이여 우리를 불쌍히 여기소서 하거늘 보시고 이르시되 가서 제사장들에게 너희 몸을 보이라 하셨더니 그들이 가다가 깨끗함을 받은지라

그 중의 한 사람이 자기가 나은 것을 보고 큰 소리로 하나님께 영광을 돌리며 돌아와 예수의 발 아래에 엎드리어 감사하니 그는 사마리아 사람이라 예수께서 대답하여 이르시되 열 사람이 다 깨끗함을 받지 아니하였느냐 그 아홉은 어디 있느냐 눅 17:12-17

복음서에서 예수님이 한 번에 한두 사람을 고치셨음을 보여주는 성경 구절은 마흔일곱 번 나옵니다.

1. 예수께서 산에서 내려오시니 수많은 무리가 따르니라 한 나병환자가 나아와 절하며 이르되 주여 원하시면 저를 깨끗하게 하실 수 있나이다 하거늘 예수께서 손을 내밀어 그에게 대시며 이르시되 내가 원하노니 깨끗함을 받으라 하시니 즉시 그의 나병이 깨끗하여진지라 예수께서 이르시되 삼가 아무에게도 이르지 말고 다만 가서 제사장에게 네 몸을 보이고 모세가 명한 예물을 드려 그들에게 입증하라 하시니라 마 8:1-4

2. 예수께서 가버나움에 들어가시니 한 백부장이 나아와 간구하여 이르되 주여 내 하인이 중풍병으로 집에 누워 몹시

괴로워하나이다 이르시되 내가 가서 고쳐 주리라 백부장이 대답하여 이르되 주여 내 집에 들어오심을 나는 감당하지 못하겠사오니 다만 말씀으로만 하옵소서 그러면 내 하인이 낫겠사옵나이다 나도 남의 수하에 있는 사람이요 내 아래에도 군사가 있으니 이더러 가라 하면 가고 저더러 오라 하면 오고 내 종더러 이것을 하라 하면 하나이다 예수께서 들으시고 놀랍게 여겨 따르는 자들에게 이르시되 내가 진실로 너희에게 이르노니 이스라엘 중 아무에게서도 이만한 믿음을 보지 못하였노라 또 너희에게 이르노니 동 서로부터 많은 사람이 이르러 아브라함과 이삭과 야곱과 함께 천국에 앉으려니와 그 나라의 본 자손들은 바깥 어두운 데 쫓겨나 거기서 울며 이를 갈게 되리라 예수께서 백부장에게 이르시되 가라 네 믿음대로 될지어다 하시니 그 즉시 하인이 나으니라 마 8:5-13

3. 예수께서 베드로의 집에 들어가사 그의 장모가 열병으로 앓아누운 것을 보시고 그의 손을 만지시니 열병이 떠나가고 여인이 일어나서 예수께 수종들더라 마 8:14-15

4. 또 예수께서 건너편 가다라 지방에 가시매 귀신 들린 자 둘이 무덤 사이에서 나와 예수를 만나니 그들은 몹시 사나워 아무도 그 길로 지나갈 수 없을 지경이더라 이에 그들이 소리

질러 이르되 하나님의 아들이여 우리가 당신과 무슨 상관이 있나이까 때가 이르기 전에 우리를 괴롭게 하려고 여기 오셨나이까 하더니 마침 멀리서 많은 돼지 떼가 먹고 있는지라 귀신들이 예수께 간구하여 이르되 만일 우리를 쫓아내시려면 돼지 떼에 들여보내 주소서 하니 그들에게 가라 하시니 귀신들이 나와서 돼지에게로 들어가는지라 온 떼가 비탈로 내리달아 바다에 들어가서 물에서 몰사하거늘 치던 자들이 달아나 시내에 들어가 이 모든 일과 귀신 들린 자의 일을 고하니 온 시내가 예수를 만나려고 나가서 보고 그 지방에서 떠나시기를 간구하더라 마 8:28-34

5. 예수께서 배에 오르사 건너가 본 동네에 이르시니 침상에 누운 중풍병자를 사람들이 데리고 오거늘 예수께서 그들의 믿음을 보시고 중풍병자에게 이르시되 작은 자야 안심하라 네 죄 사함을 받았느니라 어떤 서기관들이 속으로 이르되 이 사람이 신성을 모독하도다 예수께서 그 생각을 아시고 이르시되 너희가 어찌하여 마음에 악한 생각을 하느냐 네 죄 사함을 받았느니라 하는 말과 일어나 걸어가라 하는 말 중에 어느 것이 쉽겠느냐 그러나 인자가 세상에서 죄를 사하는 권능이 있는 줄을 너희로 알게 하려 하노라 하시고 중풍병자에게 말씀하시되 일어나 네 침상을 가지고 집으로 가라 하시니

그가 일어나 집으로 돌아가거늘 무리가 보고 두려워하며 이런 권능을 사람에게 주신 하나님께 영광을 돌리니라 마 9:1-8

6. 열두 해 동안이나 혈루증으로 앓는 여자가 예수의 뒤로 와서 그 겉옷 가를 만지니 이는 제 마음에 그 겉옷만 만져도 구원을 받겠다 함이라 예수께서 돌이켜 그를 보시며 이르시되 딸아 안심하라 네 믿음이 너를 구원하였다 하시니 여자가 그 즉시 구원을 받으니라 마 9:20-22

7. 예수께서 그 관리의 집에 가사 피리 부는 자들과 떠드는 무리를 보시고 이르시되 물러가라 이 소녀가 죽은 것이 아니라 잔다 하시니 그들이 비웃더라 무리를 내보낸 후에 예수께서 들어가사 소녀의 손을 잡으시매 일어나는지라 그 소문이 그 온 땅에 퍼지더라 마 9:23-26

8. 예수께서 거기에서 떠나가실새 두 맹인이 따라오며 소리 질러 이르되 다윗의 자손이여 우리를 불쌍히 여기소서 하더니 예수께서 집에 들어가시매 맹인들이 그에게 나아오거늘 예수께서 이르시되 내가 능히 이일 할 줄을 믿느냐 대답하되 주여 그러하오이다 하니 이에 예수께서 그들의 눈을 만지시며 이르시되 너희 믿음대로 되라 하시니 그 눈들이

밝아진지라 예수께서 엄히 경고하시되 삼가 아무에게도 알리지 말라 하셨으나 그들이 나가서 예수의 소문을 그 온 땅에 퍼뜨리니라 마 9:27-31

9. 그들이 나갈 때에 귀신 들려 말 못하는 사람을 예수께 데려오니 귀신이 쫓겨나고 말 못하는 사람이 말하거늘 무리가 놀랍게 여겨 이르되 이스라엘 가운데서 이런 일을 본 적이 없다 하되 마 9:32-33

10. 한쪽 손 마른 사람이 있는지라 사람들이 예수를 고발하려 하여 물어 이르되 안식일에 병 고치는 것이 옳으니이까 예수께서 이르시되 너희 중에 어떤 사람이 양 한 마리가 있어 안식일에 구덩이에 빠졌으면 끌어내지 않겠느냐 사람이 양보다 얼마나 더 귀하냐 그러므로 안식일에 선을 행하는 것이 옳으니라 하시고 이에 그 사람에게 이르시되 손을 내밀라 하시니 그가 내밀매 다른 손과 같이 회복되어 성하더라 마 12:10-13

11. 그 때에 귀신 들려 눈 멀고 말 못하는 사람을 데리고 왔거늘 예수께서 고쳐 주시매 그 말 못하는 사람이 말하며 보게 된지라 무리가 다 놀라 이르되 이는 다윗의 자손이 아니냐 하니 마 12:22-23

12. 예수께서 거기서 나가사 두로와 시돈 지방으로 들어가시니 가나안 여자 하나가 그 지경에서 나와서 소리 질러 이르되 주 다윗의 자손이여 나를 불쌍히 여기소서 내 딸이 흉악하게 귀신 들렸나이다 하되 예수는 한 말씀도 대답하지 아니하시니 제자들이 와서 청하여 말하되 그 여자가 우리 뒤에서 소리를 지르오니 그를 보내소서 예수께서 대답하여 이르시되 나는 이스라엘 집의 잃어버린 양 외에는 다른 데로 보내심을 받지 아니하였노라 하시니 여자가 와서 예수께 절하며 이르되 주여 저를 도우소서 대답하여 이르시되 자녀의 떡을 취하여 개들에게 던짐이 마땅하지 아니하니라 여자가 이르되 주여 옳소이다마는 개들도 제 주인의 상에서 떨어지는 부스러기를 먹나이다 하니 이에 예수께서 대답하여 이르시되 여자여 네 믿음이 크도다 네 소원대로 되리라 하시니 그 때로부터 그의 딸이 나으니라 마 15:21-28

13. 그들이 무리에게 이르매 한 사람이 예수께 와서 꿇어 엎드려 이르되 주여 내 아들을 불쌍히 여기소서 그가 간질로 심히 고생하여 자주 불에도 넘어지며 물에도 넘어지는지라 내가 주의 제자들에게 데리고 왔으나 능히 고치지 못하더이다 예수께서 대답하여 이르시되 믿음이 없고 패역한 세대여 내가 얼마나 너희와 함께 있으며 얼마나 너희에게 참으리요

그를 이리로 데려오라 하시니라 이에 예수께서 꾸짖으시니 귀신이 나가고 아이가 그 때부터 나으니라 마 17:14-18

14. 맹인 두 사람이 길 가에 앉았다가 예수께서 지나가신다 함을 듣고 소리 질러 이르되 주여 우리를 불쌍히 여기소서 다윗의 자손이여 하는지라 예수께서 머물러 서서 그들을 불러 이르시되 너희에게 무엇을 하여 주기를 원하느냐 이르되 주여 우리의 눈 뜨기를 원하나이다 예수께서 불쌍히 여기사 그들의 눈을 만지시니 곧 보게 되어 그들이 예수를 따르니라 마 20:30-34

15. 그들이 가버나움에 들어가니라 예수께서 곧 안식일에 회당에 들어가 가르치시매 뭇 사람이 그의 교훈에 놀라니 이는 그가 가르치시는 것이 권위 있는 자와 같고 서기관들과 같지 아니함일러라 마침 그들의 회당에 더러운 귀신 들린 사람이 있어 소리 질러 이르되 나사렛 예수여 우리가 당신과 무슨 상관이 있나이까 우리를 멸하러 왔나이까 나는 당신이 누구인 줄 아노니 하나님의 거룩한 자니이다 예수께서 꾸짖어 이르시되 잠잠하고 그 사람에게서 나오라 하시니 더러운 귀신이 그 사람에게 경련을 일으키고 큰 소리를 지르며 나오는지라 다 놀라 서로 물어 이르되 이는 어찜이냐 권위 있는 새 교훈

이로다 더러운 귀신들에게 명한즉 순종하는도다 하더라 예수의 소문이 곧 온 갈릴리 사방에 퍼지더라 막 1:21-28

16. 회당에서 나와 곧 야고보와 요한과 함께 시몬과 안드레의 집에 들어가시니 시몬의 장모가 열병으로 누워 있는지라 사람들이 곧 그 여자에 대하여 예수께 여짜온대 나아가사 그 손을 잡아 일으키시니 열병이 떠나고 여자가 그들에게 수종드니라 막 1:29-31

17. 한 나병환자가 예수께 와서 꿇어 엎드려 간구하여 이르되 원하시면 저를 깨끗하게 하실 수 있나이다 예수께서 불쌍히 여기사 손을 내밀어 그에게 대시며 이르시되 내가 원하노니 깨끗함을 받으라 하시니 곧 나병이 그 사람에게서 떠나가고 깨끗하여진지라 곧 보내시며 엄히 경고하사 이르시되 삼가 아무에게 아무 말도 하지 말고 가서 네 몸을 제사장에게 보이고 네가 깨끗하게 되었으니 모세가 명한 것을 드려 그들에게 입증하라 하셨더라 그러나 그 사람이 나가서 이 일을 많이 전파하여 널리 퍼지게 하니 그러므로 예수께서 다시는 드러나게 동네에 들어가지 못하시고 오직 바깥 한적한 곳에 계셨으나 사방에서 사람들이 그에게로 나아오더라 막 1:40-45

18. 수 일후에 예수께서 다시 가버나움에 들어가시니 집에 계시다는 소문이 들린지라 많은 사람이 모여서 문 앞까지도 들어설 자리가 없게 되었는데 예수께서 그들에게 도를 말씀하시더니 사람들이 한 중풍병자를 네 사람에게 메워 가지고 예수께로 올새 무리들 때문에 예수께 데려갈 수 없으므로 그 계신 곳의 지붕을 뜯어 구멍을 내고 중풍병자가 누운 상을 달아내리니 예수께서 그들의 믿음을 보시고 중풍병자에게 이르시되 작은 자야 네 죄 사함을 받았느니라 하시니 어떤 서기관들이 거기 앉아서 마음에 생각하기를 이 사람이 어찌 이렇게 말하는가 신성 모독이로다 오직 하나님 한 분 외에는 누가 능히 죄를 사하겠느냐 그들이 속으로 이렇게 생각하는 줄을 예수께서 곧 중심에 아시고 이르시되 어찌하여 이것을 마음에 생각하느냐 중풍병자에게 네 죄 사함을 받았느니라 하는 말과 일어나 네 상을 가지고 걸어가라 하는 말 중에서 어느 것이 쉽겠느냐 그러나 인자가 땅에서 죄를 사하는 권세가 있는 줄을 너희로 알게 하려 하노라 하시고 중풍병자에게 말씀하시되 내가 네게 이르노니 일어나 네 상을 가지고 집으로 가라 하시니 그가 일어나 곧 상을 가지고 모든 사람 앞에서 나가거늘 그들이 다 놀라 하나님께 영광을 돌리며 이르되 우리가 이런 일을 도무지 보지 못하였다 하더라 막 2:1-12

19. 예수께서 다시 회당에 들어가시니 한쪽 손 마른 사람이 거기 있는지라 사람들이 예수를 고발하려 하여 안식일에 그 사람을 고치시는가 주시하고 있거늘 예수께서 손 마른 사람에게 이르시되 한 가운데에 일어서라 하시고 그들에게 이르시되 안식일에 선을 행하는 것과 악을 행하는 것, 생명을 구하는 것과 죽이는 것, 어느 것이 옳으냐 하시니 그들이 잠잠하거늘 그들의 마음이 완악함을 탄식하사 노하심으로 그들을 둘러보시고 그 사람에게 이르시되 네 손을 내밀라 하시니 내밀매 그 손이 회복되었더라 막 3:1-5

20. 예수께서 바다 건너편 거라사인의 지방에 이르러 배에서 나오시매 곧 더러운 귀신 들린 사람이 무덤 사이에서 나와 예수를 만나니라 그 사람은 무덤 사이에 거처하는데 이제는 아무도 그를 쇠사슬로도 맬 수 없게 되었으니 이는 여러 번 고랑과 쇠사슬에 매였어도 쇠사슬을 끊고 고랑을 깨뜨렸음이러라 그리하여 아무도 그를 제어할 힘이 없는지라 밤낮 무덤 사이에서나 산에서나 늘 소리 지르며 돌로 자기의 몸을 해치고 있었더라 그가 멀리서 예수를 보고 달려와 절하며 큰 소리로 부르짖어 이르되 지극히 높으신 하나님의 아들 예수여 나와 당신이 무슨 상관이 있나이까 원하건대 하나님 앞에 맹세하고 나를 괴롭히지 마옵소서 하니 이는 예수께서 이미

그에게 이르시기를 더러운 귀신아 그 사람에게서 나오라 하셨음이라 이에 물으시되 네 이름이 무엇이냐 이르되 내 이름은 군대니 우리가 많음이니이다 하고 자기를 그 지방에서 내보내지 마시기를 간구하더니 마침 거기 돼지의 큰 떼가 산 곁에서 먹고 있는지라 이에 간구하여 이르되 우리를 돼지에게로 보내어 들어가게 하소서 하니 허락하신대 더러운 귀신들이 나와서 돼지에게로 들어가매 거의 이천 마리 되는 떼가 바다를 향하여 비탈로 내리달아 바다에서 몰사하거늘 치던 자들이 도망하여 읍내와 여러 마을에 말하니 사람들이 어떻게 되었는지를 보러 와서 예수께 이르러 그 귀신 들렸던 자 곧 군대 귀신 지폈던 자가 옷을 입고 정신이 온전하여 앉은 것을 보고 두려워하더라 이에 귀신 들렸던 자가 당한 것과 돼지의 일을 본 자들이 그들에게 알리매 그들이 예수께 그 지방에서 떠나시기를 간구하더라 예수께서 배에 오르실 때에 귀신 들렸던 사람이 함께 있기를 간구하였으나 허락하지 아니하시고 그에게 이르시되 집으로 돌아가 주께서 네게 어떻게 큰 일을 행하사 너를 불쌍히 여기신 것을 네 가족에게 알리라 하시니 그가 가서 예수께서 자기에게 어떻게 큰 일 행하셨는지를 데가볼리에 전파하니 모든 사람이 놀랍게 여기더라 막 5:1-20

21. 열두 해를 혈루증으로 앓아 온 한 여자가 있어 많은 의사에게 많은 괴로움을 받았고 가진 것도 다 허비하였으되 아무 효험이 없고 도리어 더 중하여졌던 차에 예수의 소문을 듣고 무리 가운데 끼어 뒤로 와서 그의 옷에 손을 대니 이는 내가 그의 옷에만 손을 대어도 구원을 받으리라 생각함일러라 이에 그의 혈루 근원이 곧 마르매 병이 나은 줄을 몸에 깨달으니라 예수께서 그 능력이 자기에게서 나간 줄을 곧 스스로 아시고 무리 가운데서 돌이켜 말씀하시되 누가 내 옷에 손을 대었느냐 하시니 제자들이 여짜오되 무리가 에워싸 미는 것을 보시며 누가 내게 손을 대었느냐 물으시나이까 하되 예수께서 이 일 행한 여자를 보려고 둘러보시니 여자가 자기에게 이루어진 일을 알고 두려워하여 떨며 와서 그 앞에 엎드려 모든 사실을 여쭈니 예수께서 이르시되 딸아 네 믿음이 너를 구원하였으니 평안히 가라 네 병에서 놓여 건강할지어다 막 5:25-34

22. 아직 예수께서 말씀하실 때에 회당장의 집에서 사람들이 와서 회당장에게 이르되 당신의 딸이 죽었나이다 어찌하여 선생을 더 괴롭게 하나이까 예수께서 그 하는 말을 곁에서 들으시고 회당장에게 이르시되 두려워하지 말고 믿기만 하라 하시고 베드로와 야고보와 야고보의 형제 요한 외에

아무도 따라옴을 허락하지 아니하시고 회당장의 집에 함께 가사 떠드는 것과 사람들이 울며 심히 통곡함을 보시고 들어가서 그들에게 이르시되 너희가 어찌하여 떠들며 우느냐 이 아이가 죽은 것이 아니라 잔다 하시니 그들이 비웃더라 예수께서 그들을 다 내보내신 후에 아이의 부모와 또 자기와 함께 한 자들을 데리시고 아이 있는 곳에 들어가사 그 아이의 손을 잡고 이르시되 달리다굼 하시니 번역하면 곧 내가 네게 말하노니 소녀야 일어나라 하심이라 소녀가 곧 일어나서 걸으니 나이가 열두 살이라 사람들이 곧 크게 놀라고 놀라거늘 예수께서 이 일을 아무도 알지 못하게 하라고 그들을 많이 경계하시고 이에 소녀에게 먹을 것을 주라 하시니라 막 5:35-43

23. 예수께서 일어나사 거기를 떠나 두로 지방으로 가서 한 집에 들어가 아무도 모르게 하시려 하나 숨길 수 없더라 이에 더러운 귀신 들린 어린 딸을 둔 한 여자가 예수의 소문을 듣고 곧 와서 그 발아래에 엎드리니 그 여자는 헬라인이요 수로보니게 족속이라 자기 딸에게서 귀신 쫓아내 주시기를 간구하거늘 예수께서 이르시되 자녀로 먼저 배불리 먹게 할지니 자녀의 떡을 취하여 개들에게 던짐이 마땅치 아니하니라 여자가 대답하여 이르되 주여 옳소이다마는 상아래

개들도 아이들이 먹던 부스러기를 먹나이다 예수께서 이르시되 이 말을 하였으니 돌아가라 귀신이 네 딸에게서 나갔느니라 하시매 여자가 집에 돌아가 본즉 아이가 침상에 누웠고 귀신이 나갔더라 막 7:24-30

24. 예수께서 다시 두로 지방에서 나와 시돈을 지나고 데가볼리 지방을 통과하여 갈릴리 호수에 이르시매 사람들이 귀 먹고 말 더듬는 자를 데리고 예수께 나아와 안수하여 주시기를 간구하거늘 예수께서 그 사람을 따로 데리고 무리를 떠나사 손가락을 그의 양 귀에 넣고 침을 뱉어 그의 혀에 손을 대시며 하늘을 우러러 탄식하시며 그에게 이르시되 에바다 하시니 이는 열리라는 뜻이라 그의 귀가 열리고 혀가 맺힌 것이 곧 풀려 말이 분명하여졌더라 예수께서 그들에게 경고하사 아무에게도 이르지 말라 하시되 경고하실수록 그들이 더욱 널리 전파하니 사람들이 심히 놀라 이르되 그가 모든 것을 잘 하였도다 못 듣는 사람도 듣게 하고 말 못하는 사람도 말하게 한다 하니라 막 7:31-37

25. 벳새다에 이르매 사람들이 맹인 한 사람을 데리고 예수께 나아와 손대시기를 구하거늘 예수께서 맹인의 손을 붙잡으시고 마을 밖으로 데리고 나가사 눈에 침을 뱉으시며 그에

게 안수하시고 무엇이 보이느냐 물으시니 쳐다보며 이르되 사람들이 보이나이다 나무 같은 것들이 걸어가는 것을 보나이다 하거늘 이에 그 눈에 다시 안수하시매 그가 주목하여 보더니 나아서 모든 것을 밝히 보는지라 예수께서 그 사람을 집으로 보내시며 이르시되 마을에는 들어가지 말라 하시니라 막 8:22-26

26. 이에 그들이 제자들에게 와서 보니 큰 무리가 그들을 둘러싸고 서기관들이 그들과 더불어 변론하고 있더라 온 무리가 곧 예수를 보고 매우 놀라며 달려와 문안하거늘 예수께서 물으시되 너희가 무엇을 그들과 변론하느냐 무리 중의 하나가 대답하되 선생님 말 못하게 귀신 들린 내 아들을 선생님께 데려왔나이다 귀신이 어디서든지 그를 잡으면 거꾸러져 거품을 흘리며 이를 갈며 그리고 파리해지는지라 내가 선생님의 제자들에게 내쫓아 달라 하였으나 그들이 능히 하지 못하더이다 대답하여 이르시되 믿음이 없는 세대여 내가 얼마나 너희와 함께 있으며 얼마나 너희에게 참으리요 그를 내게로 데려오라 하시매 이에 데리고 오니 귀신이 예수를 보고 곧 그 아이로 심히 경련을 일으키게 하는지라 그가 땅에 엎드러져 구르며 거품을 흘리더라 예수께서 그 아버지에게 물으시되 언제부터 이렇게 되었느냐 하시니 이르되 어릴 때부터

니이다 귀신이 그를 죽이려고 불과 물에 자주 던졌나이다 그러나 무엇을 하실 수 있거든 우리를 불쌍히 여기사 도와 주옵소서 예수께서 이르시되 할 수 있거든이 무슨 말이냐 믿는 자에게는 능히 하지 못할 일이 없느니라 하시니 곧 그 아이의 아버지가 소리를 질러 이르되 내가 믿나이다 나의 믿음 없는 것을 도와 주소서 하더라 예수께서 무리가 달려와 모이는 것을 보시고 그 더러운 귀신을 꾸짖어 이르시되 말 못하고 못 듣는 귀신아 내가 네게 명하노니 그 아이에게서 나오고 다시 들어가지 말라 하시매 귀신이 소리 지르며 아이로 심히 경련을 일으키게 하고 나가니 그 아이가 죽은 것 같이 되어 많은 사람이 말하기를 죽었다 하나 예수께서 그 손을 잡아 일으키시니 이에 일어서니라 집에 들어가시매 제자들이 조용히 묻자오되 우리는 어찌하여 능히 그 귀신을 쫓아내지 못하였나이까 이르시되 기도 외에 다른 것으로는 이런 종류가 나갈 수 없느니라 하시니라 막 9:14-29

27. 그들이 여리고에 이르렀더니 예수께서 제자들과 허다한 무리와 함께 여리고에서 나가실 때에 디매오의 아들인 맹인 거지 바디매오가 길 가에 앉았다가 나사렛 예수시란 말을 듣고 소리 질러 이르되 다윗의 자손 예수여 나를 불쌍히 여기소서 하거늘 많은 사람이 꾸짖어 잠잠하라 하되 그가 더욱 크게

소리 질러 이르되 다윗의 자손이여 나를 불쌍히 여기소서 하는지라 예수께서 머물러 서서 그를 부르라 하시니 그들이 그 맹인을 부르며 이르되 안심하고 일어나라 그가 너를 부르신다 하매 맹인이 겉옷을 내버리고 뛰어 일어나 예수께 나아오거늘 예수께서 말씀하여 이르시되 네게 무엇을 하여 주기를 원하느냐 맹인이 이르되 선생님이여 보기를 원하나이다 예수께서 이르시되 가라 네 믿음이 너를 구원하였느니라 하시니 그가 곧 보게 되어 예수를 길에서 따르니라 막 10:46-52

28. 회당에 더러운 귀신 들린 사람이 있어 크게 소리 질러 이르되 아 나사렛 예수여 우리가 당신과 무슨 상관이 있나이까 우리를 멸하러 왔나이까 나는 당신이 누구인 줄 아노니 하나님의 거룩한 자이니다 예수께서 꾸짖어 이르시되 잠잠하고 그 사람에게서 나오라 하시니 귀신이 그 사람을 무리 중에 넘어뜨리고 나오되 그 사람은 상하지 아니한지라 다 놀라 서로 말하여 이르되 이 어떠한 말씀인고 권위와 능력으로 더러운 귀신을 명하매 나가는도다 하더라 이에 예수의 소문이 그 근처 사방에 퍼지니라 눅 4:33-37

29. 예수께서 일어나 회당에서 나가사 시몬의 집에 들어가시니 시몬의 장모가 중한 열병을 앓고 있는지라 사람들이

그를 위하여 예수께 구하니 예수께서 가까이 서서 열병을 꾸짖으신대 병이 떠나고 여자가 곧 일어나 그들에게 수종드니라 눅 4:38-39

30. 예수께서 한 동네에 계실 때에 온 몸에 나병 들린 사람이 있어 예수를 보고 엎드려 구하여 이르되 주여 원하시면 나를 깨끗하게 하실 수 있나이다 하니 예수께서 손을 내밀어 그에게 대시며 이르시되 내가 원하노니 깨끗함을 받으라 하신대 나병이 곧 떠나니라 예수께서 그를 경고하시되 아무에게도 이르지 말고 가서 제사장에게 네 몸을 보이고 또 네가 깨끗하게 됨으로 인하여 모세가 명한 대로 예물을 드려 그들에게 입증하라 하셨더니 예수의 소문이 더욱 퍼지매 수많은 무리가 말씀도 듣고 자기 병도 고침을 받고자 하여 모여오되 눅 5:12-15

31. 하루는 가르치실 때에 갈릴리의 각 마을과 유대와 예루살렘에서 온 바리새인과 율법교사들이 앉았는데 병을 고치는 주의 능력이 예수와 함께 하더라 한 중풍병자를 사람들이 침상에 메고 와서 예수 앞에 들여놓고자 하였으나 무리 때문에 메고 들어갈 길을 얻지 못한지라 지붕에 올라가 기와를 벗기고 병자를 침상째 무리 가운데로 예수 앞에 달아내리니

예수께서 그들의 믿음을 보시고 이르시되 이 사람아 네 죄 사함을 받았느니라 하시니 서기관과 바리새인들이 생각하여 이르되 이 신성 모독 하는 자가 누구냐 오직 하나님 외에 누가 능히 죄를 사하겠느냐 예수께서 그 생각을 아시고 대답하여 이르시되 너희 마음에 무슨 생각을 하느냐 네 죄 사함을 받았느니라 하는 말과 일어나 걸어가라 하는 말이 어느 것이 쉽겠느냐 그러나 인자가 땅에서 죄를 사하는 권세가 있는 줄을 너희로 알게 하리라 하시고 중풍병자에게 말씀하시되 내가 네게 이르노니 일어나 네 침상을 가지고 집으로 가라 하시매 그 사람이 그들 앞에서 곧 일어나 그 누웠던 것을 가지고 하나님께 영광을 돌리며 자기 집으로 돌아가니 모든 사람이 놀라 하나님께 영광을 돌리며 심히 두려워하여 이르되 오늘 우리가 놀라운 일을 보았다 하니라 눅 5:17-26

32. 또 다른 안식일에 예수께서 회당에 들어가사 가르치실 새 거기 오른손 마른 사람이 있는지라 서기관과 바리새인들이 예수를 고발할 증거를 찾으려 하여 안식일에 병을 고치시는가 엿보니 예수께서 그들의 생각을 아시고 손 마른 사람에게 이르시되 일어나 한가운데 서라 하시니 그가 일어나 서거늘 예수께서 그들에게 이르시되 내가 너희에게 묻노니 안식일에 선을 행하는 것과 악을 행하는 것, 생명을 구하는 것과

죽이는 것, 어느 것이 옳으냐 하시며 무리를 둘러보시고 그 사람에게 이르시되 네 손을 내밀라 하시니 그가 그리하매 그 손이 회복된지라 눅 6:6-10

33. 예수께서 모든 말씀을 백성에게 들려 주시기를 마치신 후에 가버나움으로 들어가시니라 어떤 백부장의 사랑하는 종이 병들어 죽게 되었더니 예수의 소문을 듣고 유대인의 장로 몇 사람을 예수께 보내어 오셔서 그 종을 구해 주시기를 청한지라 이에 그들이 예수께 나아와 간절히 구하여 이르되 이 일을 하시는 것이 이 사람에게는 합당하나이다 그가 우리 민족을 사랑하고 또한 우리를 위하여 회당을 지었나이다 하니 예수께서 함께 가실새 이에 그 집이 멀지 아니하여 백부장이 벗들을 보내어 이르되 주여 수고하시지 마옵소서 내 집에 들어오심을 나는 감당하지 못하겠나이다 그러므로 내가 주께 나아가기도 감당하지 못할 줄을 알았나이다 말씀만 하사 내 하인을 낫게 하소서 나도 남의 수하에 든 사람이요 내 아래에도 병사가 있으니 이더러 가라 하면 가고 저더러 오라 하면 오고 내 종더러 이것을 하라 하면 하나이다 예수께서 들으시고 그를 놀랍게 여겨 돌이키사 따르는 무리에게 이르시되 내가 너희에게 이르노니 이스라엘 중에서도 이만한 믿음은 만나보지 못하였노라 하시더라 보내었던 사람들이

집으로 돌아가 보매 종이 이미 나아 있었더라 눅 7:1-10

34. 그 후에 예수께서 나인이란 성으로 가실새 제자와 많은 무리가 동행하더니 성문에 가까이 이르실 때에 사람들이 한 죽은 자를 메고 나오니 이는 한 어머니의 독자요 그의 어머니는 과부라 그 성의 많은 사람도 그와 함께 나오거늘 주께서 과부를 보시고 불쌍히 여기사 울지 말라 하시고 가까이 가서 그 관에 손을 대시니 멘 자들이 서는지라 예수께서 이르시되 청년아 내가 네게 말하노니 일어나라 하시매 죽었던 자가 일어나 앉고 말도 하거늘 예수께서 그를 어머니에게 주시니 모든 사람이 두려워하며 하나님께 영광을 돌려 이르되 큰 선지자가 우리 가운데 일어나셨다 하고 또 하나님께서 자기 백성을 돌보셨다 하더라 예수께 대한 이 소문이 온 유대와 사방에 두루 퍼지니라 눅 7:11-17

35. 예수께서 육지에 내리시매 그 도시 사람으로서 귀신 들린 자 하나가 예수를 만나니 그 사람은 오래 옷을 입지 아니하며 집에 거하지도 아니하고 무덤 사이에 거하는 자라 예수를 보고 부르짖으며 그 앞에 엎드려 큰 소리로 불러 이르되 지극히 높으신 하나님의 아들 예수여 당신이 나와 무슨 상관이 있나이까 당신께 구하노니 나를 괴롭게 하지 마옵소서

하니 이는 예수께서 이미 더러운 귀신을 명하사 그 사람에게서 나오라 하셨음이라(귀신이 가끔 그 사람을 붙잡으므로 그를 쇠사슬과 고랑에 매어 지켰으되 그 맨 것을 끊고 귀신에게 몰려 광야로 나갔더라) 예수께서 네 이름이 무엇이냐 물으신즉 이르되 군대라 하니 이는 많은 귀신이 들렸음이라 무저갱으로 들어가라 하지 마시기를 간구하더니 마침 그 곳에 많은 돼지 떼가 산에서 먹고 있는지라 귀신들이 그 돼지에게로 들어가게 허락하심을 간구하니 이에 허락하시니 귀신들이 그 사람에게서 나와 돼지에게로 들어가니 그 떼가 비탈로 내리달아 호수에 들어가 몰사하거늘 치던 자들이 그 이루어진 일을 보고 도망하여 성내와 마을에 알리니 사람들이 그 이루어진 일을 보러 나와서 예수께 이르러 귀신 나간 사람이 옷을 입고 정신이 온전하여 예수의 발치에 앉아 있는 것을 보고 두려워하거늘 귀신 들렸던 자가 어떻게 구원 받았는지를 본 자들이 그들에게 이르매 거라사인의 땅 근방 모든 백성이 크게 두려워하여 예수께 떠나가시기를 구하더라 예수께서 배에 올라 돌아가실새 귀신 나간 사람이 함께 있기를 구하였으나 예수께서 그를 보내시며 이르시되 집으로 돌아가 하나님이 네게 어떻게 큰 일을 행하셨는지를 말하라 하시니 그가 가서 예수께서 자기에게 어떻게 큰 일을 행하셨는지를 온 성내에 전파하니라 눅 8:27-39

36. 이에 열두 해를 혈루증으로 앓는 중에 아무에게도 고침을 받지 못하던 여자가 예수의 뒤로 와서 그의 옷 가에 손을 대니 혈루증이 즉시 그쳤더라 예수께서 이르시되 내게 손을 댄 자가 누구냐 하시니 다 아니라 할 때에 베드로가 이르되 주여 무리가 밀려들어 미나이다 예수께서 이르시되 내게 손을 댄 자가 있도다 이는 내게서 능력이 나간 줄 앎이로다 하신대 여자가 스스로 숨기지 못할 줄 알고 떨며 나아와 엎드리어 그 손 댄 이유와 곧 나은 것을 모든 사람 앞에서 말하니 예수께서 이르시되 딸아 네 믿음이 너를 구원하였으니 평안히 가라 하시더라 눅 8:43-48

37. 아직 말씀하실 때에 회당장의 집에서 사람이 와서 말하되 당신의 딸이 죽었나이다 선생님을 더 괴롭게 하지 마소서 하거늘 예수께서 들으시고 이르시되 두려워하지 말고 믿기만 하라 그리하면 딸이 구원을 얻으리라 하시고 그 집에 이르러 베드로와 요한과 야고보와 아이의 부모 외에는 함께 들어가기를 허락하지 아니하시니라 모든 사람이 아이를 위하여 울며 통곡하매 예수께서 이르시되 울지 말라 죽은 것이 아니라 잔다 하시니 그들이 그 죽은 것을 아는 고로 비웃더라 예수께서 아이의 손을 잡고 불러 이르시되 아이야 일어나라 하시니 그 영이 돌아와 아이가 곧 일어나거늘 예수께서 먹을 것을

주라 명하시니 그 부모가 놀라는지라 예수께서 경고하사 이 일을 아무에게도 말하지 말라 하시니라 눅 8:49-56

38. 이튿날 산에서 내려오시니 큰 무리가 맞을새 무리 중의 한 사람이 소리 질러 이르되 선생님 청컨대 내 아들을 돌보아 주옵소서 이는 내 외아들이니이다 귀신이 그를 잡아 갑자기 부르짖게 하고 경련을 일으켜 거품을 흘리게 하며 몹시 상하게 하고야 겨우 떠나가나이다 당신의 제자들에게 내쫓아 주기를 구하였으나 그들이 능히 못하더이다 예수께서 대답하여 이르시되 믿음이 없고 패역한 세대여 내가 얼마나 너희와 함께 있으며 너희에게 참으리요 네 아들을 이리로 데리고 오라 하시니 올 때에 귀신이 그를 거꾸러뜨리고 심한 경련을 일으키게 하는지라 예수께서 더러운 귀신을 꾸짖고 아이를 낫게 하사 그 아버지에게 도로 주시니 눅 9:37-42

39. 예수께서 한 말 못하게 하는 귀신을 쫓아내시니 귀신이 나가매 말 못하는 사람이 말하는지라 무리들이 놀랍게 여겼으나 눅 11:14

40. 예수께서 안식일에 한 회당에서 가르치실 때에 열여덟 해 동안이나 귀신 들려 앓으며 꼬부라져 조금도 펴지 못하는

한 여자가 있더라 예수께서 보시고 불러 이르시되 여자여
네가 네 병에서 놓였다 하시고 안수하시니 여자가 곧 펴고
하나님께 영광을 돌리는지라 회당장이 예수께서 안식일에 병
고치시는 것을 분 내어 무리에게 이르되 일할 날이 엿새가 있
으니 그 동안에 와서 고침을 받을 것이요 안식일에는 하지 말
것이니라 하거늘 주께서 대답하여 이르시되 외식하는 자들아
너희가 각각 안식일에 자기의 소나 나귀를 외양간에서 풀어
내어 이끌고 가서 물을 먹이지 아니하느냐 그러면 열여덟 해
동안 사탄에게 매인 바 된 이 아브라함의 딸을 안식일에 이
매임에서 푸는 것이 합당하지 아니하냐 예수께서 이 말씀을
하시매 모든 반대하는 자들은 부끄러워하고 온 무리는 그가
하시는 모든 영광스러운 일을 기뻐하니라 눅 13:10-17

41. 안식일에 예수께서 한 바리새인 지도자의 집에 떡 잡수
시러 들어가시니 그들이 엿보고 있더라 주의 앞에 수종병 든
한 사람이 있는지라 예수께서 대답하여 율법교사들과 바리
새인들에게 이르시되 안식일에 병 고쳐 주는 것이 합당하냐
아니하냐 그들이 잠잠하거늘 예수께서 그 사람을 데려다가
고쳐 보내시고 또 그들에게 이르시되 너희 중에 누가 그
아들이나 소가 우물에 빠졌으면 안식일에라도 곧 끌어내지
않겠느냐 하시니 눅 14:1-5

42. 여리고에 가까이 가셨을 때에 한 맹인이 길가에 앉아 구걸하다가 무리가 지나감을 듣고 이 무슨 일이냐고 물은대 그들이 나사렛 예수께서 지나가신다 하니 맹인이 외쳐 이르되 다윗의 자손 예수여 나를 불쌍히 여기소서 하거늘 앞서 가는 자들이 그를 꾸짖어 잠잠하라 하되 그가 더욱 크게 소리 질러 다윗의 자손이여 나를 불쌍히 여기소서 하는지라 예수께서 머물러 서서 명하여 데려오라 하셨더니 그가 가까이 오매 물어 이르시되 네게 무엇을 하여 주기를 원하느냐 이르되 주여 보기를 원하나이다 예수께서 그에게 이르시되 보라 네 믿음이 너를 구원하였느니라 하시매 곧 보게 되어 하나님께 영광을 돌리며 예수를 따르니 백성이 다 이를 보고 하나님을 찬양하니라 눅 18:35-43

43. 예수께서 일러 이르시되 이것까지 참으라 하시고 그 귀를 만져 낫게 하시더라 눅 22:51

44. 예수께서 다시 갈릴리 가나에 이르시니 전에 물로 포도주를 만드신 곳이라 왕의 신하가 있어 그의 아들이 가버나움에서 병들었더니 그가 예수께서 유대로부터 갈릴리로 오셨다는 것을 듣고 가서 청하되 내려오셔서 내 아들의 병을 고쳐 주소서 하니 그가 거의 죽게 되었음이라 예수께서 이르

시되 너희는 표적과 기사를 보지 못하면 도무지 믿지 아니하리라 신하가 이르되 주여 내 아이가 죽기 전에 내려오소서 예수께서 이르시되 가라 네 아들이 살아 있다 하시니 그 사람이 예수께서 하신 말씀을 믿고 가더니 내려가는 길에서 그 종들이 오다가 만나서 아이가 살아 있다 하거늘 그 낫기 시작한 때를 물은즉 어제 일곱 시에 열기가 떨어졌나이다 하는지라 그의 아버지가 예수께서 네 아들이 살아 있다 말씀하신 그 때인 줄 알고 자기와 그 온 집안이 다 믿으니라 이것은 예수께서 유대에서 갈릴리로 오신 후에 행하신 두 번째 표적이니라 요 4:46-54

45. 예루살렘에 있는 양문 곁에 히브리말로 베데스다라 하는 못이 있는데 거기 행각 다섯이 있고 그 안에 많은 병자, 맹인, 다리 저는 사람, 혈기 마른 사람들이 누워 [물의 움직임을 기다리니 이는 천사가 가끔 못에 내려와 물을 움직이게 하는데 움직인 후에 먼저 들어가는 자는 어떤 병에 걸렸든지 낫게 됨이러라] 거기 서른여덟 해 된 병자가 있더라 예수께서 그 누운 것을 보시고 병이 벌써 오래 된 줄 아시고 이르시되 네가 낫고자 하느냐 병자가 대답하되 주여 물이 움직일 때에 나를 못에 넣어 주는 사람이 없어 내가 가는 동안에 다른 사람이 먼저 내려가나이다 예수께서 이르시되 일어나

네 자리를 들고 걸어가라 하시니 그 사람이 곧 나아서 자리를 들고 걸어가니라 이 날은 안식일이니 유대인들이 병 나은 사람에게 이르되 안식일인데 네가 자리를 들고 가는 것이 옳지 아니하니라 대답하되 나를 낫게 한 그가 자리를 들고 걸어가라 하더라 하니 그들이 묻되 너에게 자리를 들고 걸어가라 한 사람이 누구냐 하되 고침을 받은 사람은 그가 누구인지 알지 못하니 이는 거기 사람이 많으므로 예수께서 이미 피하셨음이라 그 후에 예수께서 성전에서 그 사람을 만나 이르시되 보라 네가 나았으니 더 심한 것이 생기지 않게 다시는 죄를 범하지 말라 하시니 그 사람이 유대인들에게 가서 자기를 고친 이는 예수라 하니라 요 5:2-15

46. 이 말씀을 하시고 땅에 침을 뱉어 진흙을 이겨 그의 눈에 바르시고 이르시되 실로암 못에 가서 씻으라 하시니 (실로암은 번역하면 보냄을 받았다는 뜻이라) 이에 가서 씻고 밝은 눈으로 왔더라 요 9:6-7

47. 이 말씀을 하시고 큰 소리로 나사로야 나오라 부르시니 죽은 자가 수족을 베로 동인 채로 나오는데 그 얼굴은 수건에 싸였더라 예수께서 이르시되 풀어 놓아 다니게 하라 하시니라 요 11:43-44

예수님을 당신의 구원자로 영접하기
RECEIVING JESUS AS YOUR SAVIOR

예수 그리스도를 당신의 주님과 구원자로 영접하는 선택은 당신이 할 결정 중 가장 중요한 결정입니다!

하나님의 말씀은 "네가 만일 네 입으로 예수를 주로 시인하며 또 하나님께서 그를 죽은 자 가운데서 살리신 것을 네 마음에 믿으면 구원을 받으리라 사람이 마음으로 믿어 의에 이르고 입으로 시인하여 구원에 이르느니라"(롬 10:9-10) "누구든지 주의 이름을 부르는 자는 구원을 받으리라"(롬 10:13)라고 약속하십니다.

하나님께서는 그분의 은혜로 말미암아, 구원에 필요한 모든 것을 이미 하셨습니다. 당신이 해야 할 몫은 단지 믿고 받아들이는 것뿐입니다.

다음과 같이 큰 목소리로 기도하십시오. "예수님, 저는 예수님께서 저의 주님과 구원자이심을 고백합니다. 저는 하나님께서 예수님을 죽은 자들로부터 살리신 것을 심령으로 믿습니다. 주님의 말씀을 믿음으로써, 저는 이제 구원을 받습니다. 저를 구원해주시니 감사합니다!"

당신이 당신의 삶을 예수 그리스도께 내어드리는 순간, 당신의 영 안에서 그분의 말씀의 진리가 이루어집니다. 거듭난 지금, 당신은 완전히 새로운 당신이 되었습니다!

저희에게 연락을 주셔서, 당신이 예수님을 당신의 구원자로 영접하거나 성령 충만을 위해 기도하신 것을 알려 주십시오. 저는 당신과 함께 기뻐하고, 당신으로 하여금 당신의 인생에서 일어난 일을 더 온전히 이해할 수 있도록 돕고 싶습니다. 당신이 주님과의 새로운 관계에 대해 이해하고 그 안에서 성장할 수 있도록 도와주는 선물을 무료로 보내드리겠습니다. **새로운 생명으로 들어오신 것을 환영합니다!**

성령 받기
RECEIVING THE HOLY SPIRIT

당신의 사랑하는 하늘 아버지께서는 그분의 자녀인 당신에게 이 새로운 생명을 사는데 필요한 초자연적인 능력을 주기 원하십니다.

"구하는 이마다 받을 것이요 찾는 이는 찾아낼 것이요 두드리는 이에게는 열릴 것이니라 … 너희가 악할지라도 좋은 것을 자식에게 줄 줄 알거든 하물며 너희 하늘 아버지께서 구하는 자에게 성령을 주시지 않겠느냐 하시니라"(눅 11:10-13)

당신이 해야 할 일은 다만 구하고ask, 믿고believe, 받는 것receive입니다!

이렇게 기도하십시오. "아버지, 이 새로운 생명을 살기 위해 저에게 당신의 능력이 필요함을 압니다. 당신의 성령으로 저를 충만케 하시옵소서. 저는 지금 믿음으로 받습니다! 저를 성령으로 침례 하여 주심을 감사드립니다. 성령님, 제 삶으로 오심을 환영합니다!"

축하합니다. 이제 당신은 하나님의 초자연적인 능력으로 충만해졌습니다!

당신이 모르는 언어의 말들이 당신의 심령으로부터 당신의 입으로 떠오를 것입니다(고전 14:14). 당신이 믿음으로 그 말들을 크게 말할 때, 이는 하나님의 능력을 안에서부터 풀어 내는 것이며, 당신의 영에서 당신 자신을 세우는 것입니다(고전 14:4). 당신은 언제 어디서나 당신이 원할 때 그렇게 할 수 있습니다!

주님을 영접하고 그분의 성령을 받기 위해 기도했을 때 당신이 뭔가를 느꼈는지 아닌지는 정말 중요하지 않습니다. 하나님의 말씀은, 당신이 받은 것을 심령으로 믿는다면 곧 받은 것이라고 약속합니다. "그러므로 내가 너희에게 말하노니 무엇이든지 기도하고 구하는 것은 받은 줄로 믿으라 그리하면 너희에게 그대로 되리라"(막 11:24) 하나님께서는 항상 그분의 말씀을 지키십니다. 하나님의 말씀을 믿으십시오!

저희에게 연락을 주셔서, 당신이 예수님을 당신의 구원자로 영접하거나 성령 충만을 위해 기도하신 것을 알려 주십시오. 저는 당신과 함께 기뻐하고, 당신으로 하여금 당신의 인생에서 일어난 일을 더 온전히 이해할 수 있도록 돕고 싶습니다. 당신이 주님과의 새로운 관계에 대해 이해하고 그 안에서 성장할 수 있도록 도와주는 선물을 무료로 보내드리겠습니다. 새로운 생명으로 들어오신 것을 환영합니다!

저자 소개

1968년 3월 23일 하나님의 초자연적인 사랑을 대면한 뒤, 앤드류 워맥의 삶은 완전히 변화되었습니다. 저명한 교사이자 저자인 앤드류 워맥의 사명은 세상이 하나님을 보는 관점을 바꾸는 것입니다.

그의 비전은 복음을 가능한 널리, 그리고 깊게 전하는 것입니다. 그의 메시지는 TV 프로그램 '복음의 진리Gospel Truth'를 통해 거의 전 세계 인구의 반 이상이 볼 수 있는 상태로 널리 전해지고 있습니다. 또한 콜로라도 우드랜드 파크에 위치해 있는 캐리스 바이블 칼리지 Charis Bible College를 통해 깊게 전해지고 있습니다. 1994년 설립된 캐리스는 이제 미국 전역과 전 세계에 분교를 세워가고 있습니다.

앤드류 워맥 목사의 설교 자료는 책과 음원, 그리고 영상으로 제작되어 있으며 앤드류 워맥 미니스트리 홈페이지에 무료로 제공되어 있습니다.

연락처
앤드류 워맥 미니스트리 Andrew Wommack Ministries
홈페이지 www.awmi.net
이메일 info@awmi.net
719-635-1111

캐리스 바이블 칼리지 Charis Bible College
홈페이지 www.charisbiblecollege.org
이메일 admissions@awmcharis.com
844-360-9577

저자의 추천 목록

1. 본서에 언급된 책 목록

당신은 이미 가졌습니다!You've Already Got It!

하나님의 절대주권The Sovereignty of God

하나님의 믿음The Faith of God

영·혼·몸Spirit, Soul & Body

기적을 받는 법How to Receive a Miracle

확실한 기초A Sure Foundation

노력 없이 오는 변화Effortless Change

믿는 자의 권세The Believer's Authority

영적인 권세Spiritual Authority

하나님의 참된 본성The True Nature of God

하나님과 같은 종류의 사랑:당신이 당면한 고통의 치유책God's Kind of Love:The Cure for What Ails Ya

당신을 향한 하나님의 사랑God's Love to You

전쟁은 끝났습니다The War Is Over

오늘의 삶:성경 및 주석 연구-사도행전 편Life for Today Study Bible and Commentary-Acts Edition

2. 기타 목록

하나님은 당신이 건강하기 원하십니다(오디오 북)

치유에 대한 성경 구절들

치유의 여정Healing Journey(비디오)

완악한 심령Hardness of Heart

더 좋은 기도 방법A Better Way to Pray

기도가 응답되지 않는 것 같을 때 해야 할 일What to Do When Your Prayers Seem Unanswered

니키 오첸스키: 기적의 이야기!Niki Ochenski: The Story of a Miracle! (비디오)

니키의 치유 간증

조디 스트하우어Jodie Stehouwer의 간증

사산아 크로우 가족의 기적Stillborn-Krow Family Miracle(비디오)

그리스도인의 생존 장비Christian Survival Kit

욥기

모든 것이 협력하여 선을 이룬다All Things Work Together for Good

하나님의 충만함 안에 거하는 열쇠Discover The Keys to Staying Full of God

믿음의말씀사 출판물

구입문의 : 031-8005-5483 http://faithbook.kr

■ 케네스 해긴의 「믿음 도서관」

책들
- 새로운 탄생
- 재정 분야의 순종
- 나는 지옥에 갔다 왔습니다
- 하나님의 처방약
- 더 좋은 언약
- 예수의 보배로운 피
- 하나님을 탓하지 마십시오
- 네 주장을 변론하라
- 셀 모임에서 성령인도 받기
- 안수
- 치유를 유지하는 법
- 사랑은 결코 실패하지 않습니다
- 하나님께서 내게 가르쳐 주신 형통의 계시
- 왜 능력 아래 쓰러지는가?
- 다가오는 회복
- 잊어버리는 법을 배우기
- 위대한 세 단어
- 하나님의 은사와 부르심
- 그 이름은 "놀라우신 분"
- 우리에게 속한 것을 알기
- 성령을 받는 성경적인 방법
- 하나님의 영광
- 은혜 안에서의 성장을 방해하는 다섯 가지
- 사랑 가운데 걷는 법
- 바울의 계시: 화해의 복음
- 당신은 당신이 말하는 것을 가질 수 있습니다
- 그리스도 안에서
- 말
- 방언기도의 능력을 풀어 놓으라
- 옳은 사고방식 틀린 사고방식
- 속량 – 가난, 질병, 영적 죽음에서 값 주고 되사다
- 네 염려를 주께 맡겨라
- 예언을 분별하는 일곱 단계
- 절망적인 상황을 반전시키기
- 당신의 믿음을 풀어 놓는 법
- 진짜 믿음
- 믿음이란 무엇인가
- 그리스도께서 지금 하고 계시는 일
- 충분하고도 넘치는 하나님 엘 샤다이
- 금식에 관한 상식
- 하나님의 말씀 : 모든 것을 고치는 치료제
- 가족을 섬기는 법
- 조에
- 당신이 알아야 하는 신유에 관한 일곱 가지 원리
- 여성에 관한 질문들
- 인간의 세 가지 본성
- 몸의 치유와 속죄
- 크게 성장하는 믿음
- 하나님 가족의 특권
- 기도의 기술
- 나는 환상을 믿습니다
- 병을 고치는 하나님의 말씀
- 영적 성장
- 신선한 기름부음
- 믿음이 흔들리고 패배한 것 같을 때 승리를 얻는 법
- 믿음의 선한 싸움을 싸우는 법
- 하나님의 계획과 목적과 추구
- 예수 열린 문
- 믿음의 계단
- 당신을 향한 하나님의 계획
- 역사하는 기도
- 기름부음의 이해
- 내주하시는 성령 임하시는 성령
- 재정적인 번영에 대한 성경적 열쇠들
- 어떻게 하나님의 영으로 인도받을 수 있는가?
- 마이더스 터치
- 치유의 기름부음
- 그리스도의 선물
- 방언
- 믿는 자의 권세(생애기념판)
- 믿음의 양식
- 승리하는 교회

■ E. W. 케년
- 십자가에서 보좌까지 무슨 일이 일어났는가?
- 두 가지 의
- 놀라우신 그 이름 예수
- 하나님 아버지와 그분의 가족
- 나의 신분증
- 두 가지 생명
- 새로운 종류의 사랑
- 그분의 임재 안에서
- 속량의 관점에서 본 성경
- 두 가지 지식
- 피의 언약
- 숨은 사람
- 두 가지 믿음
- 새로운 피조물의 실재

■ 스미스 위글스워스
- 스미스 위글스워스의 천국
- 스미스 위글스워스의 매일묵상
- 위글스워스는 이렇게 했다
- 스미스 위글스워스의 능력의 비밀

■ T. L. 오스본
- 행동하는 신자들
- 기적 – 하나님 사랑의 증거

- 새롭게 시작하는 기적 인생
- 좋은 인생
- 성경적인 치유
- 능력으로 역사하는 메시지
- 100개의 신유 진리
- 24 기도 원리 7 기도 우선순위
- 하나님의 큰 그림
- 긍정적 욕망의 힘
- 당신은 하나님의 최고의 작품입니다

■ 잔 오스틴
- 믿음의 말씀 고백기도집
- 하나님의 사랑의 흐름
- 견고한 진 무너뜨리기
- 초자연적인 흐름을 따르는 법
- 당신의 운명을 바꿀 수 있습니다
- 어떻게 하나님의 능력을 풀어놓을 수 있는가?

■ 크리스 오야킬로메
- 여기서 머물지 말라
- 이제 당신이 거듭났으니
- 당신의 인생을 재창조하라
- 이 마차에 함께 타라
- 그리스도 안에 있는 당신의 권리
- 성령님과 당신
- 성령님이 당신 안에서 행하실 일곱 가지
- 성령님이 당신을 위해 행하실 일곱 가지
- 기적을 받고 유지하는 법
- 하나님께서 당신을 방문하실 때
- 올바른 방식으로 기도하기
- 당신의 믿음을 역사하게 하는 법
- 끝없이 샘솟는 기쁨
- 기름과 겉옷
- 약속의 땅
- 하나님의 일곱 영
- 예언
- 시온의 문
- 하늘에서 온 치유
- 효과적으로 기도하는 법
- 어떤 질병도 없이
- 주제별 말씀의 실재
- 마음의 능력

■ 앤드류 워맥
- 당신은 이미 가졌습니다
- 은혜와 믿음의 균형 안에 사는 삶
- 하나님의 참 본성
- 하나님은 당신이 건강하기 원하십니다
- 영 혼 몸
- 전쟁은 끝났습니다
- 믿는 자의 권세
- 새로운 당신과 성령님
- 노력 없이 오는 변화
- 하나님의 충만함 안에 거하는 열쇠
- 더 좋은 기도 방법 한 가지

- 재정의 청지기 직분
- 하나님을 제한하지 마라
- 하나님의 뜻을 발견하고 따라가며 성취하라
- 하나님의 참 본성
- 하나님의 최선 안에 사는 법
- 더 큰 은혜, 더 큰 은총

■ 기타 「믿음의 말씀」 설교자들
- 성령의 삶 능력의 삶
- 복을 취하는 법
- 주는 자에게 복이 되는 선물
- 믿음으로 사는 삶
- 붉은 줄의 기적
- 당신이 말한 대로 얻게 됩니다
- 예수-치유의 길 건강의 능력
- 성령 안의 내 능력
- 존 G. 레이크의 치유
- 믿음과 고백
- 임재 중심 교회
- 성령충만한 그리스도인의 지침서
- 열정과 끈기
- 제자 만들기
- 어떻게 교회를 배가하는가
- 운명
- 모든 사람을 위한 치유
- 회복된 통치권
- 그렇지 않습니다
- 당신의 자녀를 리더로 훈련하라
- 오순절 운동을 일으킨 하나님의 바람
- 주일 예배를 넘어서
- 신약교회를 찾아서
- 내가 올 때까지
- 매일의 불씨
- 여성의 건강한 자아상

■ 김진호 · 최순애
- 왕과 제사장
- 새로운 피조물의 실재
- 믿음의 반석
- 새 언약의 기도
- 새로운 피조물 고백기도집(한글판/한영대조판)
- 성령 인도
- 복음의 신조
- 존중하는 삶
- 성경의 세 가지 접근
- 말씀 묵상과 고백
- 그리스도의 교리
- 영혼 구원
- 새로운 피조물
- 믿음의 말씀 운동의 뿌리
- 1인 기업가 마인드
- 내 양을 치라
- 새사람을 입으라